企业高技能人才职业培训系列教材

城轨电动列车检修工 CHENGGUIDIAN DONGLIECHE JIANXIUGONG（四级）

编审委员会

主　　任　仇朝东

委　　员　顾卫东　葛恒双　葛　玮　孙兴旺　刘汉成

执行委员　孙兴旺　瞿伟洁　李　晔　夏　莹　叶华平　李　益　杜晓红

主　　编　刘俊艳

编　　者（按姓氏笔画排序）

　　　　　刘俊艳　孙沪澄　姚晓荣

主　　审　王生华

中国劳动社会保障出版社

图书在版编目(CIP)数据

城轨电动列车检修工：四级/人力资源和社会保障部教材办公室等组织编写.
—北京：中国劳动社会保障出版社，2015
企业高技能人才职业培训系列教材
ISBN 978-7-5167-1728-8

Ⅰ.①城…　Ⅱ.①人…　Ⅲ.①城市铁路-电力动车-维修-职业培训-教材
Ⅳ.①U266.2

中国版本图书馆 CIP 数据核字(2015)第 047884 号

中国劳动社会保障出版社出版发行
（北京市惠新东街 1 号　邮政编码：100029）
*
北京北苑印刷有限责任公司印刷装订　新华书店经销
787 毫米×1092 毫米　16 开本　10.75 印张　190 千字
2015 年 3 月第 1 版　　2015 年 3 月第 1 次印刷
定价：25.00 元
读者服务部电话：(010) 64929211/64921644/84643933
发行部电话：(010) 64961894
出版社网址：http://www.class.com.cn

内容简介

本教材由人力资源和社会保障部教材办公室、中国就业培训技术指导中心上海分中心、上海市职业技能鉴定中心、上海申通地铁集团有限公司轨道交通培训中心依据城轨电动列车检修工（四级）职业技能鉴定细目组织编写。教材从强化培养操作技能，掌握实用技术的角度出发，较好地体现了当前最新的实用知识与操作技术，对于提高从业人员基本素质，掌握城轨电动列车检修工（四级）的核心知识与技能有直接的帮助和指导作用。

本教材以既注重理论知识的掌握，又突出操作技能的培养，实现了培训教育与职业技能鉴定考核的有效对接，形成一套完整的城轨电动列车检修工培训体系。本教材内容共分为3章，主要包括：电动列车机械系统、电动列车牵引系统和电动列车辅助系统。

本教材可作为城轨电动列车检修工（四级）职业技能培训与鉴定考核教材，也可供本职业从业人员培训使用，全国中、高等职业技术院校相关专业师生也可以参考使用。

前言

企业技能人才是我国人才队伍的重要组成部分，是推动经济社会发展的重要力量。加强企业技能人才队伍建设，是增强企业核心竞争力、推动产业转型升级和提升企业创新能力的内在要求，是加快经济发展方式转变、促进产业结构调整的有效手段，是劳动者实现素质就业、稳定就业、体面就业的重要途径，也是深入实施人才强国战略和科教兴国战略、建设人力资源强国的重要内容。

国务院办公厅在《关于加强企业技能人才队伍建设的意见》中指出，当前和今后一个时期，企业技能人才队伍建设的主要任务是：充分发挥企业主体作用，健全企业职工培训制度，完善企业技能人才培养、评价和激励的政策措施，建设技能精湛、素质优良、结构合理的企业技能人才队伍，在企业中初步形成初级、中级、高级技能劳动者队伍梯次发展和比例结构基本合理的格局，使技能人才规模、结构、素质更好地满足产业结构优化升级和企业发展需求。

高技能人才是企业技术工人队伍的核心骨干和优秀代表，在加快产业优化升级、推动技术创新和科技成果转化等方面具有不可替代的重要作用。为促进高技能人才培训、评价、使用、激励等各项工作的开展，上海市人力资源和社会保障局在推进企业高技能人才培训资源优化配置、完善高技能人才考核评价体系等方面做了积极的探索和尝试，积累了丰富而宝贵的经验。企业高技能人才培养的主要目标是三级（高级）、二级（技师）、一级（高级技师）等，考虑到企业高技能人才培养的实际情况，除一部分在岗培养并已达到高技能人才水平外，还有较大一批人员需要从基础技能水平培养起。为此，上海市将企业特有职业的五级（初级）、四级（中级）作为高技能人才培养的基础阶段一并列入企业高技能人才培养评价工作的总体框架内，以此进一步加大企业高技能人才培养工作力度，提高企业高技能人才培养效果，更好地实现高技能人才培养的总体目标。

为配合上海市企业高技能人才培养评价工作的开展，人力资源和社会保障部教材办公室、中国就业培训技术指导中心上海分中心、上海市职业技能鉴定中心联合组织有关行业和企业的专家、技术人员，共同编写了企业高技能人才职业培训系列教材。本教材是系列教材中的一种，由上海申通地铁集团有限公司轨道交通培训中心负责具体编写工作。

企业高技能人才职业培训系列教材聘请上海市相关行业和企业的专家参与教材编审工作，以“能力本位”为指导思想，以先进性、实用性、适用性为编写原则，内容涵盖该职业的职业功能、工作内容的技能要求和专业知识要求，并结合企业生产和技能人才培养的实际需求，充分反映了当前从事职业活动所需要的核心知识与技能。教材可为全国其他省、市、自治区开展企业高技能人才培养工作，以及相关职业培训和鉴定考核提供借鉴或参考。

新教材的编写是一项探索性工作，由于时间紧迫，不足之处在所难免，欢迎各使用单位及个人对教材提出宝贵意见和建议，以便教材修订时补充更正。

企业高技能人才职业培训系列教材

编审委员会

目录

第 1 章　电动列车机械系统

第3章 电动列车辅助系统

第1章

电动列车机械系统

1.1 车体

学习目标

完成本节的学习后，您能够：

1. 了解电动列车车体的基本类型及特征
2. 掌握电动列车车体结构的特点和制造工艺

知识要求

1.1.1 钢结构车体

1. 钢结构车体的结构

国内较早生产的地铁车辆的车体基本都是采用普通碳素钢型材构成骨架，外侧包薄钢板，构成一个全焊接的筒形薄壳结构（见图1—1），自重达10～13 t。

底架采用无中梁焊接结构，由边梁11、横梁14、波纹地板13、枕梁12、牵引梁10和缓冲梁组成；侧墙由边梁5、立柱16、窗立柱、横梁和墙板等零部件组成；门口周围设有门边立柱和横梁进行补强；车顶由边梁4、弯梁7、纵向梁8、顶板6和车顶端部9组成。如果在车顶上装有受电弓或空调机组等设备时必须根据需要适当加强，确保满足强度要求。司机室的侧墙和顶部的基本结构与客室的侧墙和顶部基本相似，前端一般设有前窗和为满足功能需要而加装的必要结构。

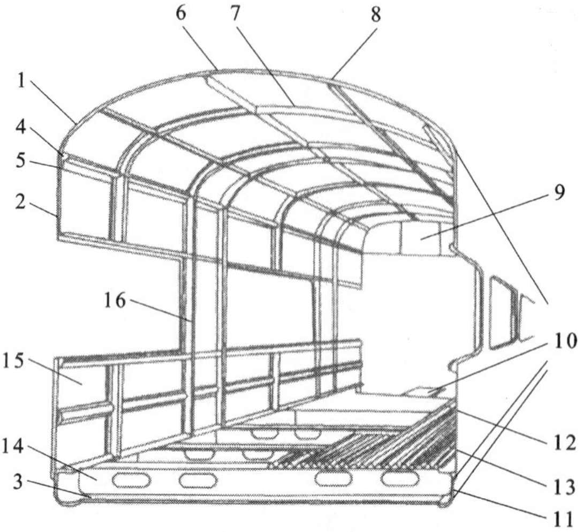

图 1—1　钢制车体承载结构

1—车顶　2—侧墙　3—底架　4—车顶边梁　5—侧墙上边梁　6—顶板
7—弯梁　8—纵向梁　9—车顶端部　10—牵引梁　11—边梁　12—枕梁
13—波纹地板　14—横梁　15—墙板　16—立柱

2. 钢结构车体的特点

普通碳素钢车体十分容易腐蚀，其强度随腐蚀而降低，且增加了维修的工作量和成本。为了提高车体的耐腐蚀性，延长使用寿命，从 20 世纪 80 年代开始，采用如 09CuPbCrNi 这种含铜或含镍铬等合金元素的耐腐蚀低合金钢（或称耐候钢）系列，可使车体结构自重减轻 1 ~ 1.5 t（约 10% ~ 15%），在工艺上又采取了一些防腐措施后，使车体的使用寿命有所延长，但仍不能彻底满足减轻自重和防腐蚀的需求。

1.1.2　不锈钢车体

1. 不锈钢车体的特点

不锈钢地铁车辆因具有车体结构轻量化、高防腐性与低维修量、制造工艺简单、有利于环保和安全性高等明显特点，在发达国家已广泛开发、研制和利用。

不锈钢耐腐蚀性能较好、强度高。用这种材料制造车体，免去了在车体内壁涂覆防腐蚀涂料和表面油漆的工序，在保证强度和刚度的前提下，板的厚度也可减小。不锈钢车体的结构形式基本与钢结构车体相似（见图 1—2），从而实现车体的薄壁化和轻量化，不锈钢车体自重可比普通碳素钢减轻 1 ~ 2 t（约 10% ~ 20%）。

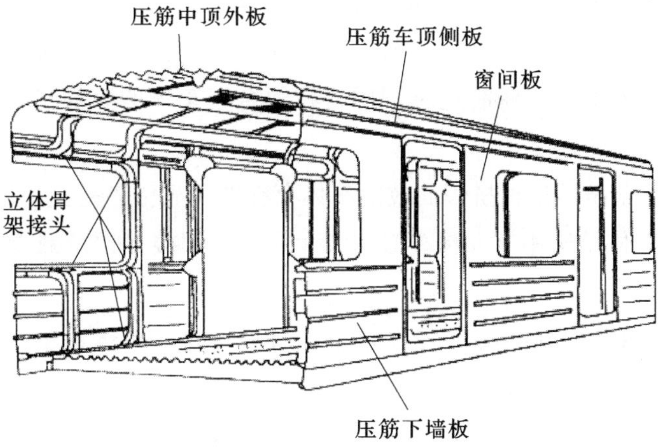

图 1—2 不锈钢车体

2. 不锈钢车体的制造工艺

为了克服薄板平整难以保证的缺点以及满足增加刚度的需要，一般车顶板、侧墙板和底架都采用成形的波纹板制成。为了克服在焊接高温条件下不锈钢内部组织易发生变化，进而产生晶间腐蚀而破裂的缺点，在焊缝集中的地方应多采用点焊。

1.1.3 铝合金车体

1. 铝合金车体的特点

为了进一步实现车体轻量化，德、法、日等国在近代的高速列车、地铁车辆和轻轨列车上采用铝合金车体，这是由于铝合金的密度仅为钢的三分之一，且具有耐腐蚀和容易挤压成形的优点。

不过，铝合金的弹性模量也是钢的三分之一。弹性模量是与材料强度和刚度有关的一个物理量，弹性模量小，材料的强度和刚度则小。另外，铝合金材料的可焊性较差，对焊接工艺和焊接工人的技术要求很高，焊接以后产生的变形很难控制。因此在铝制车体结构设计中应采用大型中空截面的挤压铝合金型材，以增大受力构件的弹性模量，弥补铝合金板材弹性模量小的缺陷，满足城市轨道车辆的设计规范要求——车体的静挠度不大于两转向架中心距的1‰，保证车体具有足够的强度和刚度。

上海地铁电动列车均采用了大型中空截面的铝合金挤压型材车体。

2. 铝合金车体的制造工艺

与钢结构车体相比，大型中空截面的挤压铝合金型材在制造时大大减少了焊缝数量，焊接工作量减少 40% ~60%；铝合金型材的焊接变形比铝合金板材的易于控制。因此，大型中空截面的挤压铝合金型材的车体制造工艺简单、标准规范，并克服了铝合金材质本身的先天不足。在制造过程中，在铝合金车体的表面进行了喷丸处理，进一步提高了车体表面的强度。

使用大型铝合金挤压型材拼焊而成的车体存在的明显优势是：

（1）与钢制车体结构相比，制造工艺大大简化，焊接工作量减少 40%，减少制造工时、降低生产成本。

（2）铝合金材料比钢材要轻 1/3，每个铝合金型材的车体自重可减轻 3 ~5 t（约 30% ~40%）。例如我国 22 型钢制车体的自重为 12. 3 t，德国 ICE 铝合金型材的车体的自重为 8. 65 t。自重减轻，可减小运行的牵引力、制动力，减小了车辆运行的动力、能源消耗，也减小了车辆对轨道的负荷，延长了钢轨的使用寿命，降低了钢轨的维修费用。

（3）铝合金型材的车体与一般钢结构车体相比较，充分发挥了材料的承载能力，使材料得到更加充分的利用，其强度、刚度增加，经久耐用，延长了车辆的使用寿命。

（4）车体腐蚀严重是长期困扰我国铁路和城市轨道车辆的最大难题，尤其是在南方潮湿地区，车体腐蚀大大缩短了车辆的使用寿命。铝合金车体与钢结构车体相比，大大提高了抗腐蚀能力，减少检修工作量，且保证车体承载结构在使用寿命内（30 年）不需结构性维修和加固。

使用铝合金型材的车体在制造时遇到的问题是油漆附着力较钢结构车体小。解决这一问题的方法是可以使用附着力较强、漆性较好的油漆，并缩短油漆维修的周期。铝合金也有一个缺点，就是在积水状态下耐腐蚀性能降低，因此在生产和维修时须注意采取排水措施。

1. 1. 4 模块化车体

1．模块化车体的特点

近几十年以来，车体的制造工艺一般都采用全焊接结构，即底架、侧墙、车顶和端墙均为焊接，然后这四大部件组装时也采用焊接工艺，这种结构是大家比较熟悉的。随着技术的发展，近几年来，国外研制出了一种称为模块化的结构。

模块化车体结构与整体焊接结构车体相比，最显著的特点就在于将模块化概念引入到车体设计、制造与生产管理的各个环节之中。模块化车体设计是将整个车体分为若干个模块，如底架模块、侧墙模块、车顶模块、端墙模块等，每个模块的制造内容不仅包括外壳的制造，而且包括内装饰、布管、布线，并解决每个模块之间的接口问题。

2. 模块化车体的制造工艺

各模块制造完成后再进行整车组装。每个模块的铝合金型材结构本身采用焊接，而各个模块之间的总成采用铆接或其他机械连接。车体模块组成如图 1—3 所示，典型的车顶模块如图 1—4 所示。

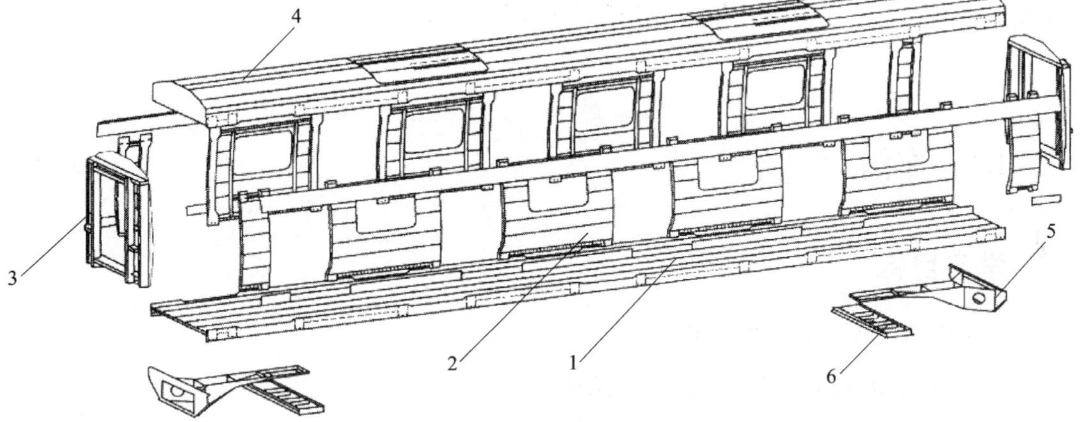

图 1—3　车体模块组成

1—底架模块　2—侧墙模块　3—端墙模块　4—车顶模块　5—牵引梁模块　6—枕梁模块

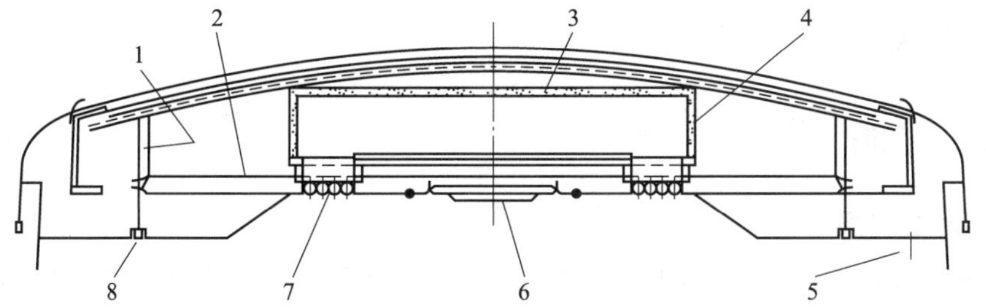

图 1—4　典型车顶模块

1—顶板吊梁　2—顶板横梁　3—空调风道　4—隔声、隔热材料　5—内部装饰
6—灯带　7—出风口　8—顶板悬挂

由于车体是容纳乘客的场所，其强度是保证乘客安全的关键因素，因此模块化设计是模块化车体生产中比较重要的、复杂的环节，而一旦设计成功则可为制造和组装

带来极大便利。采用模块化结构的优点是：

（1）在每个模块的制造过程中均注意质量的检查、检验和把关，从而保证整车组装后的试验比较简单，整车质量也容易保证。

（2）由于每个模块的制造可以独立进行，并解决了模块相互之间的接口问题，因此复杂的和技术难度大的模块和部件可以从外部引进，生产、制造的方式更加灵活。

（3）对总装生产线要求不高，这均有利于国产化的逐步实施。

（4）在车辆检修中，可以采用更换模块的方式，方便维修。

模块化生产的缺点是：模块化结构的个别部件采用了钢材制造，各部件之间由于采用了钢制螺栓连接，所以车体要比全焊结构稍重。

1.2 车门

学习目标

完成本节的学习后，您能够：

1. 了解电动列车客室车门的基本结构
2. 熟悉电动列车客室车门主要部件的作用
3. 掌握电动列车客室车门中电动门和气动门的特点
4. 能够调整电动列车的车门尺寸

知识要求

1.2.1 门叶

1. 门叶的材质

每套客室车门安装有两扇门叶，门叶为蜂窝状铝合金夹层结构（见图1—5），构架边缘包裹着凸缘形的铝薄板。

门叶框架为铝合金型材焊接而成，内、外门板为1 mm厚的铝合金板，内部为铝箔构成的蜂窝结构（见图1—6），面板与蜂窝结构采用加温加压粘接成一体，以提高车门的抗弯刚度并减轻自量。门叶的中心处可承受90 kg的横向载荷，而挠度不允许大于6.2 mm。

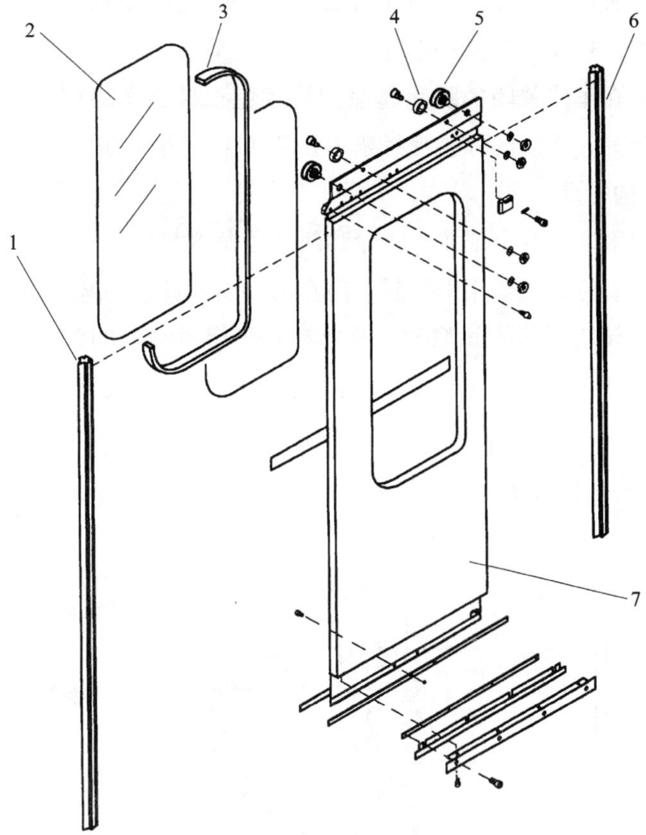

图 1—5　车门门叶

1—护指橡胶条　2—窗玻璃　3—窗玻璃密封橡胶框　4—偏心防跳轮
5—承载轮　6—密封橡胶条　7—门叶门板

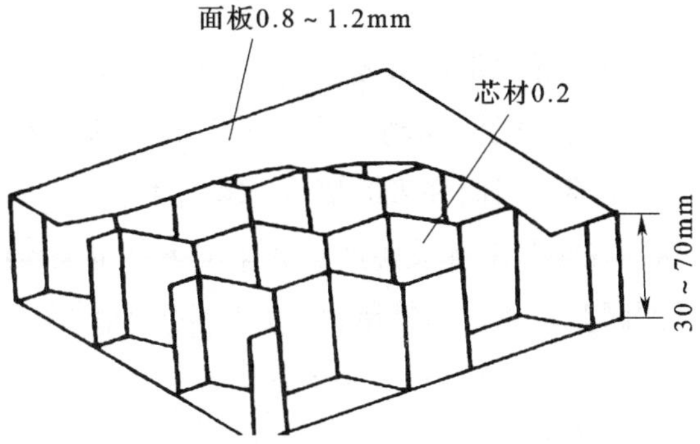

图 1—6　门叶内部结构

门叶上部安装有由钢化玻璃及氯丁橡胶密封条组成的玻璃窗；车门的两侧立边装有氯丁橡胶密封条；橡胶密封条在两车门的结合处呈凸凹状，保证车门关闭时有良好的密封效果，并可在车门关闭的瞬间起保护乘客免于被夹伤的作用，因此它又被称为护指橡胶条。在门另一立边的橡胶密封条主要起防尘、防风的作用。

2. 门叶的结构特点

每扇门叶的顶部装有两个尼龙防跳轮和两个尼龙承载轮。

防跳轮均为偏心轮，主要用于控制车门在滑动时的跳动现象，如图 1—7 所示。在调整防跳轮与门上导轨顶部的间隙时，既要控制车门滑动时的跳动，又要保证车体在承受最大载荷时，即车体有一定挠度时，防跳轮与门上导轨顶部不能挤死，车门能正常地开关。防跳轮与门上导轨顶部的间隙一般控制在 0. 1 ~0. 3 mm。

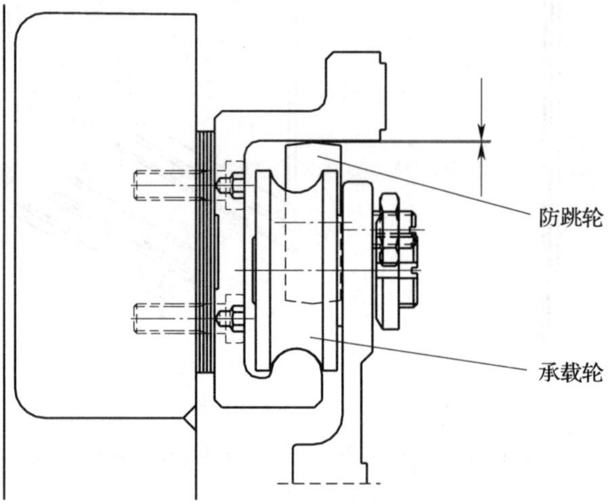

图 1—7　防跳轮间隙

承载轮为偏心轮，沿门上导轨滑动并承受门重载荷。防跳轮和承载轮可用于调整两车门的悬挂状况。由于车门所受的驱动力位于车门的上部，因此在关门时一般车门的上部先接触，下部则有缝隙，因此在安装时要求两车门呈 V 形，护指橡胶条外侧边上下间距差为 2 mm，这样在车门上部关闭严密后车门下部也关闭严密。

在门叶中下部的外面镶有一条金属挤压板。在客室车门的 2 个竖门框上相应地有 2 个挤压轮，如图 1—8 所示。当车门被乘客从车内向外挤压时，挤压轮从车体外部将门顶住，并顶在车门的金属挤压板上，以减小车门变形、防止车门损坏。

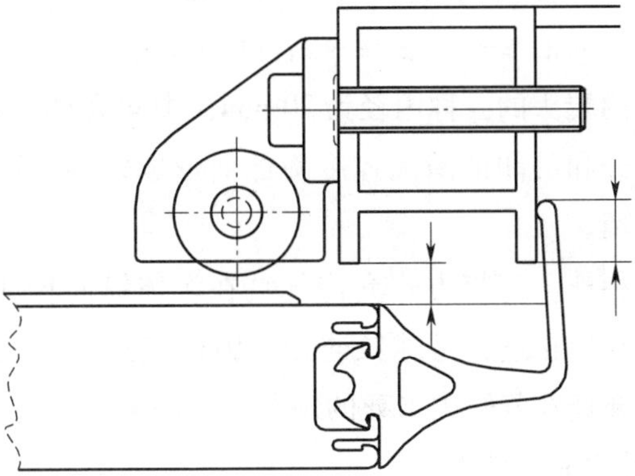

图 1—8　挤压轮

1.2.2　驱动装置

1. 驱动装置的作用

驱动装置是车门系统的主要部件，它为车门动作提供动力来源。上海地铁电动列车的客室车门驱动装置采用两种形式：一种是动力来源为驱动气缸的气动式；另一种是动力来源为直流电动机的电动式。

2. 气动驱动装置的组成与特点

上海地铁 AC01/02 型电动列车气动式客室车门的驱动装置采用驱动气缸形式，它是车门开、关门动作的执行元件。车门风缸的压缩空气经门控电磁阀的控制充入车门驱动气缸（见图1—9），压缩空气推动缸内活塞杆运动，并带动左门叶开、关，再通过钢丝绳将动力传递至右门叶。驱动气缸的性能好坏直接影响到车门的开、关动作是否可靠。

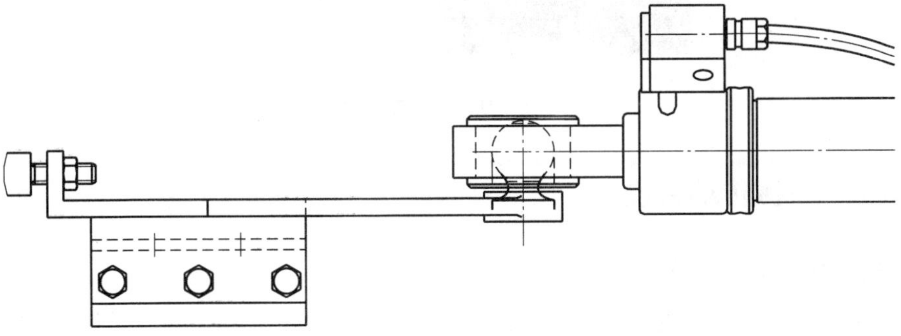

图 1—9　驱动气缸

驱动气缸为双重活塞双作用式结构，其活塞可以等效简化为如下所述的模型：对称的带有台阶的非等直径的活塞——活塞两侧直径为20 mm，中部为40 mm；其气缸的内径也是非等直径的，两端头的公称内径为20 mm，中间为40 mm。这样的结构可使活塞变速运动，在车门打开和关闭的瞬间速度降低而形成缓冲，可以起到防止夹伤乘客以及降低冲击噪声的作用。

气缸的尾座与车体相连，连接方式允许气缸在车体纵向转动；气缸的另一端是活塞杆，与左车门上的驱动架相连，是球铰连接，因此气缸安装是处于浮动状态的，不会因车体变形而产生活塞杆在气缸内卡死的现象。

3. 电动驱动装置的组成与特点

上海地铁电动列车电动式客室车门的驱动装置采用驱动电动机形式，它也是车门开、关门动作的执行元件。门控电子单元（EDCU）接收到开、关门指令后，向驱动电动机提供输入电压，电动机根据电压的极性进行正转或反转，从而使丝杆传动装置转动，并带动两扇门叶向开、关门方向运动。

驱动电动机一般采用直流电动机（见图1—10）。直流电动机具有最高限速、限流保护、欠压保护等诸多功能。同时，具有效率高、低噪声、稳定性好、可实现无级控制以及正反转的特点。

图1—10　驱动电动机

1.2.3　机械传动装置

1. 机械传动装置的作用

机械传动系统的作用是将驱动装置的运动传递至两扇门叶，带动门叶在上下导轨中移动。上海地铁电动列车客室车门常用的传动结构有绳轮传动结构和丝杆螺母传动结构。

2. 绳轮传动结构的特点

绳轮传动方式在电动列车气动式客室车门上使用，主要由钢丝绳、绳轮、左门驱动架、右门钢丝绳架组成。

绳轮分为左绳轮和右绳轮，分别安装在车门上导轨的两端。它们在钢丝绳拉力的驱动下方可转动。

钢丝绳绕过2个绳轮并通过左门驱动架，被左门驱动架上的钢丝绳夹板夹紧后，钢丝绳的2个端头在右门钢丝绳架上汇合（见图1—11）。这样，钢丝绳将左、右车门联系起来，实现了左、右车门的同步反向联动。钢丝绳的安装须松紧适当，检测的方法是将两门移至全开位，在距门钩中心向左165 mm处，在上方钢丝绳悬挂一只2 kg的称砣，测量称砣悬挂处上下钢丝绳内侧之间尺寸应为15 ±3 mm（见图1—12）。

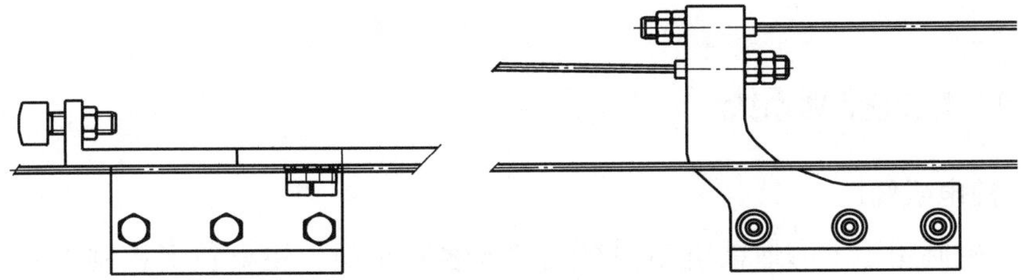

图1—11　钢丝绳夹板及钢丝绳的安装

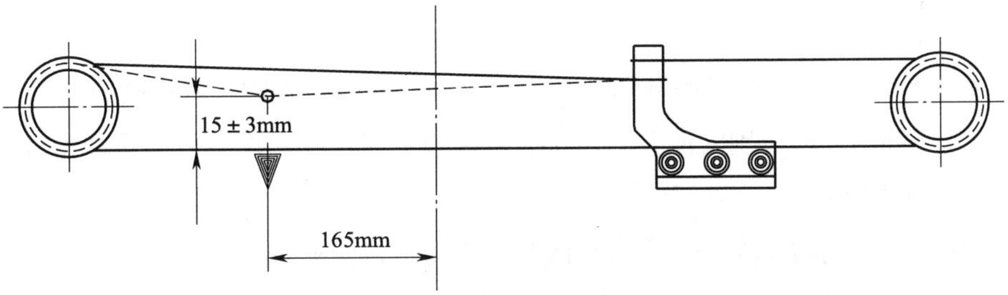

图1—12　钢丝绳的安装

3. 丝杆传动结构的特点

丝杆螺母传动方式在电动列车电动式客室车门上使用，主要由丝杆、左右螺母组件组成。具有传动安全可靠、效率高、寿命长、阻力小、噪声低、操作简单和维护工作量小的特性。

丝杆为左旋和右旋对称结构（见图 1—13），即一半右旋，一半左旋。丝杆的一端与驱动电动机相连，通过驱动元件的驱动，开、关门时丝杆随着电动机的正反向同步转动。同时，左右螺母组件安装在丝杆上（见图 1—14），其中，左螺母组件与左门叶相连，右螺母组件与右门叶相连。丝杆转动时，左、右螺母组件做相反方向的运动，并实现两扇门叶同步反向开、关门动作。

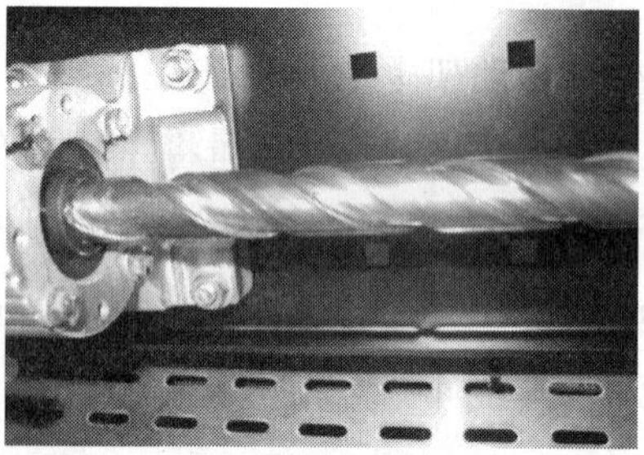

图 1—13　丝杆

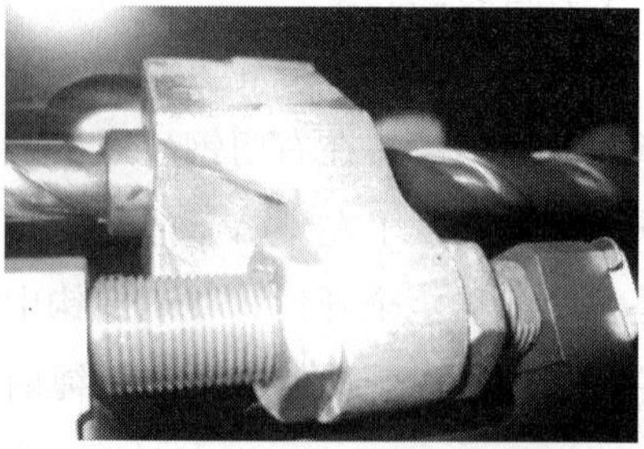

图 1—14　螺母组件

1.2.4　电气控制系统

1. 门控电磁阀

门控电磁阀用于上海地铁电动列车气动式客室车门，主要负责控制进入车门驱动气缸的压缩空气压力的大小，从而达到调节开门速度、关门速度、开门缓冲和关门缓冲的目的。它是由 3 个二位三通电磁阀（MV1、MV2、MV3）、5 个节流阀和 2 个快速排气阀组成的。

MV1、MV2 和 MV3 电磁阀分别为开门电磁阀、关门电磁阀和解锁电磁阀。

5 个节流阀的功能分别为调节开门速度、调节关门速度、调节开门缓冲、调节关门缓冲和调节解锁速度。

2 个快速排气阀的功能是：主气缸两端排气管通过快速排气阀排向大气。它相当于一个双向选择阀，它的排气口是常开的，当驱动气缸通过它充气时，其阀芯将排气口关闭。

2. 门控电子单元（EDCU）

门控电子单元（EDCU）用于上海地铁电动列车电动式客室车门，每扇客室车门上均安装有一套门控电子单元（EDCU）。门控电子单元根据列车控制信号和门驱动机构上元件发出的信号，来控制车门开启和关闭、车门隔离、紧急开门、障碍物检测等功能。并根据技术要求监控车门的运行，并能将所有检测到的故障进行分析、储存和下载，为维修工作提供方便。

门控电子单元（EDCU）包括以下组件（见图1—15）：

图1—15　门控电子单元（EDCU）

（1）输入、输出、电动机转向、安全，以及电器、电源和出错指示发光二极管。

（2）维修按钮：可以在列车静止时开、关门。

（3）Rs232接口：用于与便携式计算机的连接。

（4）Rs485接口：门控系统与列车控制系统之间的数据交换。

3. 行程开关的作用

行程开关是反映车门开、关动作的限位开关，它把车门的机械动作变成电信号反映到车门的监控回路，使司机随时了解车门的开、关状态（见图1—16）。

图1—16　行程开关

以上海地铁 AC01/02 型电动列车为例，客室车门上安装有 S1、S2、S3 和 S4 四个行程开关，分别对门钩位置、关门行程、门控切除及紧急手柄位置进行监控和显示。

（1）S1 为门钩位置行程开关，表示门钩锁定与否的信息，为常闭的行程开关，装在红色紧急拉手上。

（2）S2 为关门行程开关，表示车门关闭与否的信息，为常开行程开关，固定在门导轨上部的一个安装架上。

（3）S3 是车门紧急切除行程开关，为常闭的行程开关，装在红色紧急拉手上。

（4）S4 为紧急开门行程开关，为常闭的行程开关，装在红色紧急拉手上。

技能要求

调整电动列车车门 V 字形尺寸

操作要求

1. 按要求测量车门 V 字形尺寸。

2. 选用合适的工具调整车门 V 字形尺寸到正常状态，且不影响其他系统的正常功能。

3. 作业结束后，整理工具、器具并清场。

4. 所有作业须严格按照实训安全规范操作。

操作步骤

气动式内藏门

步骤 1　检查故障车门的护指橡胶条侧边的 V 字形尺寸情况（见图 1—17）。

步骤 2　用 7#开口扳手旋松门叶上方的 4 只偏心防跳轮（见图 1—18），使得其均可自由转动。

步骤 3　用 13#开口扳手调整左右门上偏心承载轮（见图 1—18），使得最大轮径处均偏向右侧后，固定住门叶上部后侧的偏心承载轮的轮轴，以防止其转动，同时用钩形扳手旋圆螺母至预紧状态。

步骤 4　用 13#开口扳手转动该轮的偏心轴以调节该轮的偏心量，使得两车门在关门位置时，护指橡胶条侧边的间距为 2 mm（例如，在距门上端 200 mm 之处测量间距为 X_2；在距门下端 200 mm 之处测量间距为 X_1，上下间距差 X_2-X_1 为 2 mm），同时保证两门叶与车门垂向中心线对称。

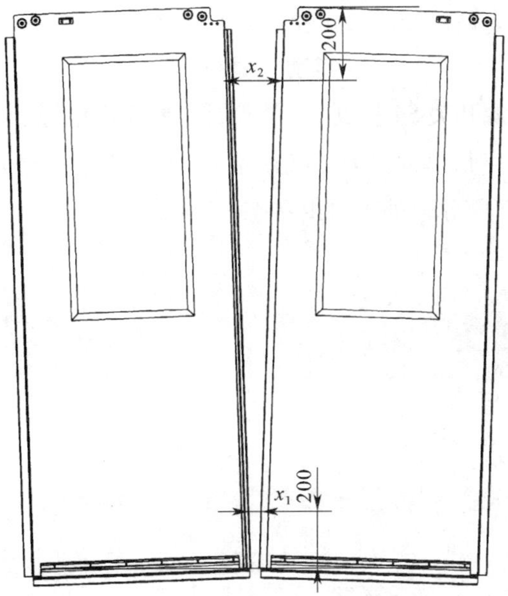

图 1—17 车门 V 字形尺寸示意图

图 1—18 防跳轮和承载轮

步骤 5 反复开、关车门，用钢直尺检查两门护指橡胶条侧边的间距，检查门叶与车门垂向中心线的对称情况，否则按上述要求再次进行调整。

步骤 6 用 13#开口扳手固定住偏心承载轮的偏心轴以防其转动，用钩形扳手紧固圆螺母，并使止退保险舌与圆螺母槽口对齐后，敲入止退保险舌。

步骤 7 紧固圆螺母后，保证护指橡胶条的侧边距符合技术要求，门叶与车门垂向中心线对称。

步骤 8　整理工具、器具并清场，操作完成。

电动式塞拉门

步骤 1　将车门电源开关 S4 拨到“0”位，切断车门电源。

步骤 2　在调节 V 字形尺寸之前，必须用 10#套筒扳手拧松固定下部导轨的 4 个螺栓（见图 1—19），使下部导轨处于自由状态。

图 1—19　拧松下部导轨固定螺栓

步骤 3　用紧急拉手将门打开，然后用双手慢慢地将门关闭，当车门携门架与门叶完全平行时，即车门携门架刚刚达到与地面垂直的位置。

步骤 4　用卷尺分别在车门底部与顶部 10 cm 处测量两门叶橡胶密封条外边缘之间的横向距离（见图 1—20 和图 1—21），如果两次测量值之差在 2 ~ 5 mm 范围内（见图 1—22）则为合格，否则就需要调整。

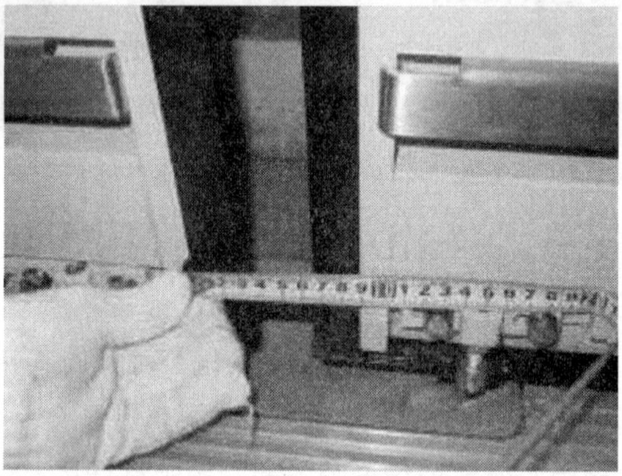

图 1—20　测量车门底部横向距离

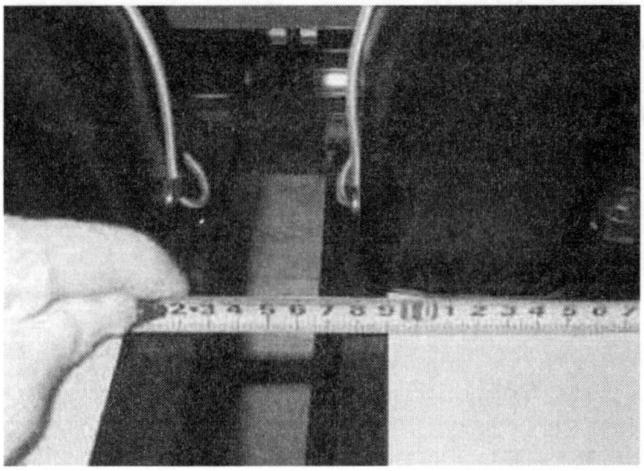

图 1—21　测量车门顶部横向距离

图 1—22　车门上下间距差

步骤 5　用 7#内六角扳手拧松车门携门架与车门的 4 个连接螺栓（见图 1—23）。

步骤 6　用 6#内六角扳手拧松携门架支座上的固定偏心轮的螺栓，再用 27#开口扳手转动偏心轮进行调节，直至 V 形尺寸满足 2 ~ 5 mm（见图 1—24）。

注意：在调节的过程中，两门叶相对于车门中分线的偏移量要尽量相等。

步骤 7　拧紧前面松掉的固定偏心轮的螺栓和 4 个紧固螺栓，扭力要求都为40 Nm。注：拧紧螺栓之前需要涂上 Loctite 243 螺纹胶。

步骤 8　用 10#套筒扳手紧紧固定下部导轨的 4 个螺栓。

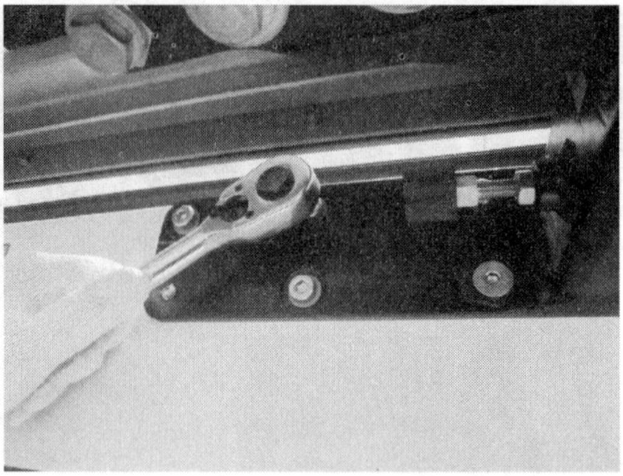

图 1—23　拧松携门架固定螺栓

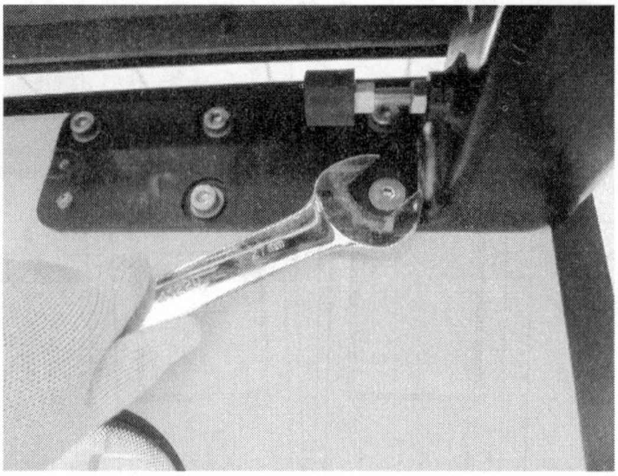

图 1—24　调整携门架偏心轮

步骤 9　用记号笔在紧固螺栓和螺母上重新打防松标记。

步骤 10　整理工具、器具并清场，操作完成。

1.3　车钩缓冲装置

学习目标

完成本节的学习后，您能够：

1. 了解电动列车车钩的类型和基本组成
2. 掌握电动列车车钩缓冲器的类型、基本原理和设计原理

3．熟悉电动列车车钩对中装置的类型和基本原理

4．能够调整车钩的尺寸

知识要求

1.3.1　机械钩头

1．机械钩头的组成

机械钩头由壳体、心轴、钩舌板、钩舌板连杆、钩舌弹簧、钩舌定位杆（或称棘爪）及弹簧、撞块及弹簧盒解钩气缸组成。

2．机械钩头的结构特点

壳体的前部一半为四锥体的钩头，另一半为钩坑（或称凹坑）。连接时相邻两个车钩的四锥体的钩头和钩坑相互插入，固定在心轴上的钩舌板在钩舌板弹簧的作用下，可绕心轴转动并带动钩舌板连杆动作实现连挂。解钩有气动解钩和人工解钩两种方式。

3．车钩的连挂和解钩

（1）连挂准备位（见图1—25）。这时钩头中的钩锁杆2轴线平行于车钩的轴线，钩锁杆的连接销中心与钩舌中心销连接线垂直于车钩的轴线。弹簧处于松弛状态，该位置为车钩连挂准备位。

（2）连挂闭锁位（见图1—26）。欲使两钩连挂，原来处于连挂准备位的两钩相互接近并碰撞时，在钩头前端的锥形喇叭口引导下彼此精确地对中心，两钩向前伸出的钩锁杆由于受到对方钩舌的阻碍，各自推动钩舌绕顺时针方向转动，直至在弹簧拉力作用下钩锁杆滑入对方钩舌的嘴中，并推动钩舌绕逆时针返回到原来位置为止。这时两钩的钩锁杆与两钩的钩舌构成一平行四边形，力处于平衡状态，两钩刚性且无间隙地彼此连接，处于闭锁状态。

在连挂闭锁位时，钩舌和钩锁杆的位置与连挂准备状态（见图1—25）完全相同，钩舌在弹簧作用下确保处于闭锁位。当两钩受到牵拉时，拉力均匀地分配在由钩锁杆和钩舌组成的平行四边形两对边（即钩锁杆）上。当两钩冲击时，冲击力由两钩壳体喇叭口凸缘传递。

（3）手动解钩（见图1—27）。通过拉动钩头一侧的解钩手柄，经钢丝绳、杠杆和解钩杆使两钩的钩舌转动，直至钩锁杆脱出钩舌的钩嘴，由此使两钩脱开，处于解钩位。

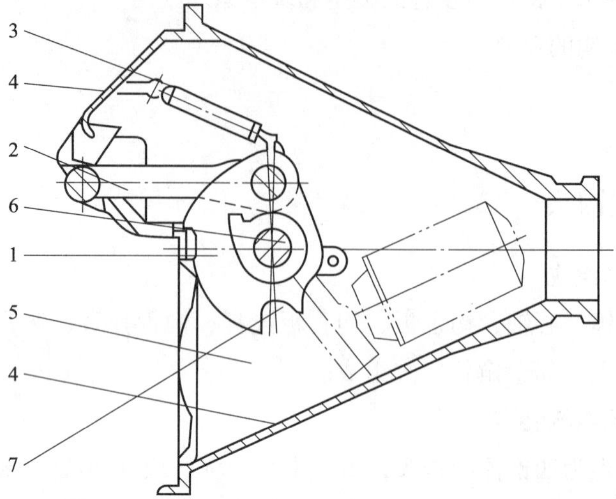

图 1—25　车钩连挂准备位

1—钩舌　2—钩锁杆　3—钩锁弹簧　4—壳体　5—凹锥孔　6—心轴　7—钩嘴

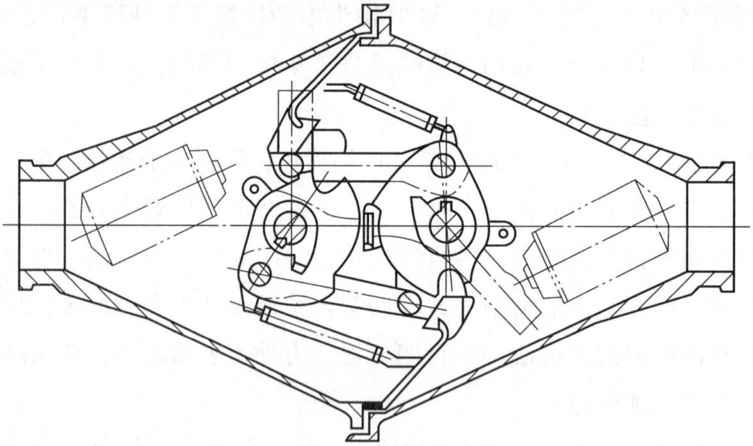

图 1—26　车钩连挂闭锁位

（4）气动解钩（见图 1—28）。由司机操作解钩控制阀达到解钩，这时压缩空气经过解钩管充入钩头中的解钩风缸，推动活塞向前运动，使其压迫在解钩杆上所设置的滚子上，两钩头中的钩舌被同时推至解钩位置，类似于手动解钩的情况。达到解钩后再排气，解钩风缸中受压弹簧使活塞返回到原始位置。

气路控制图如图 1—28 所示，半自动车钩中的解钩气路与全自动解钩气路的原理相同。

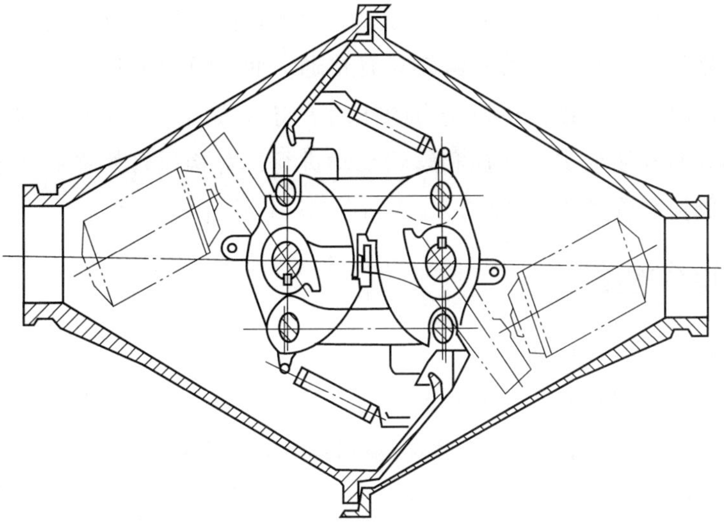

图 1—27　手动解钩

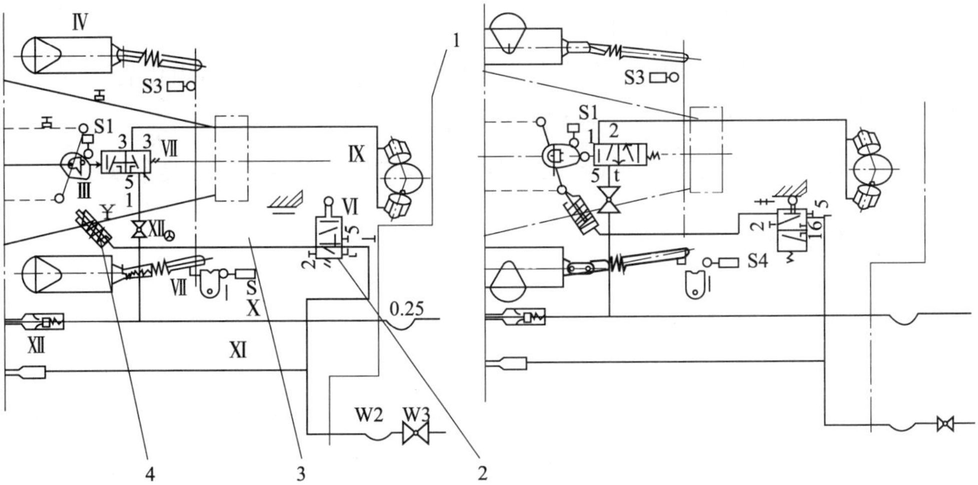

图 1—28　气路控制图

1—司机控制阀　2—解钩风缸　3—解钩管　4—活塞

1.3.2　风管连接器

1. 风管连接器的主要部件

风管连接器设有总风管接头和解钩风管接头。

2. 风管连接器的动作原理

风管连接器在车钩法兰下边的中间分设 2 个弹簧阀，当对方的阀芯管压迫弹簧阀的阀芯时则阀被打开，使总风管和解钩风管接通。而一旦对方风管撤离，也就是两钩头的法兰面分离时，则阀芯会在弹簧力的作用下将阀关闭。这样设计的气路连接器可使风管的接通和断开随车钩的连挂和解钩自动进行。解钩风管始终处于连通状态，由司机操纵电磁阀控制管路的通和断，以达到自动解钩或连挂的目的。

1.3.3 电气连接器

1. 电气连接器的作用和形式

在机械车钩的两侧或上下为电气连接器，其中一个是动力电源，另一个是信号电源。目前，车钩电气连接器采用电气连接箱和跨接电缆两种方式。

2. 电气连接器的动作原理

（1）全自动车钩的电气连接器随机械钩三个心轴转动带动顶端的凸轮一起转动，使其顶动二位五通阀，使压缩空气通向电气箱合拢的气缸冲气，从而使伸出的活塞杆通过杠杆及弹簧使电气箱迅速合上。

（2）半自动车钩两侧的电气箱则是通过人工转动齿轮，然后再由齿轮带动齿条进行直线运动，从而带动杠杆和弹簧使电气箱合上。

（3）半永久车钩不能进行电气自动连接，一般电气连接采用跨接电缆的方式。

1.3.4 缓冲器

1. 环形弹簧缓冲器的基本原理

缓冲器主要由弹簧盒（26）（外壳带有镶嵌球铰的轴孔座）、牵引杆（9）、前后弹簧座（5、6）和环形弹簧（12）组成。环形弹簧安装在前后弹簧座之间，其组装长度和预压力可通过螺母（7）来加以调节；零件（1）（18）（21）是防止调节螺母（7）松缓的保险零件；弹簧盒（26）前端安装螺纹端盖（8），将牵引杆（9）密封住，以防止灰尘进入弹簧盒（26）内；零件（2）（19）使端盖（8）得以定位，不能松缓。标志环（14）在密封圈前面，套在牵引杆上。其结构如图 1—29 所示。

缓冲器的能量吸收为 18.7 kJ，最大作用力为 590 kN，最大行程为 58 mm，能量吸收率为 66%，其特性如图 1—30 所示。

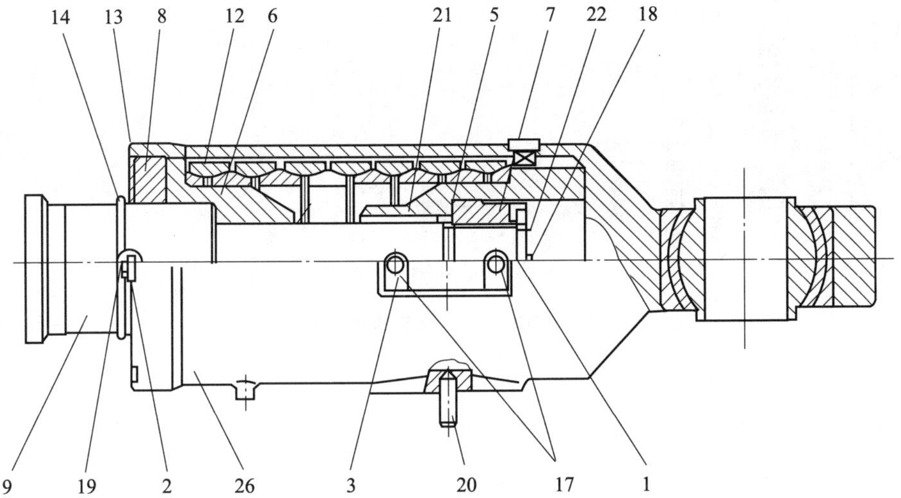

图 1—29　环弹簧缓冲器

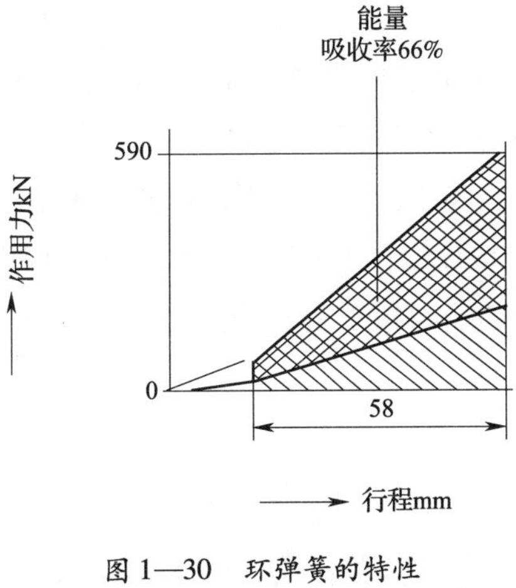

图 1—30　环弹簧的特性

当车钩受冲击时，牵引杆推动弹簧座向后挤压环形弹簧；当车钩受牵拉时，拧紧在牵引杆后端的预紧螺母带动弹簧座向前挤压弹簧。所以不论车钩受冲击或牵拉，环形弹簧均受压缩作用。由于内、外环形弹簧相互接触的接触面均做成 V 形锥面，受压缩相互挤压时，外环扩胀，内环压缩，这样就产生了轴向变形，起到缓冲的作用。同时内外环形弹簧接触面产生相对滑动，摩擦力做功消耗了部分冲击能量。

从图 1—31 中我们可以清楚地看到，随着行程的加大，缓冲器的作用力也随之加大。当司机室前方受到外力作用时，其安装在车体上的车钩所受到的作用力有如下的表达：

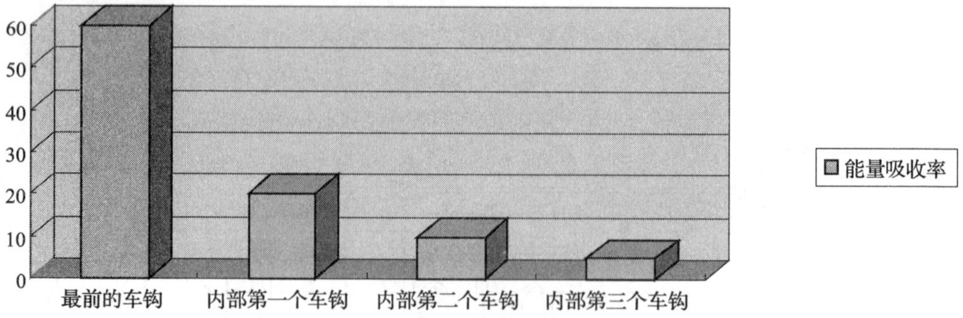

图 1—31　行程和车钩的关系

从上面的图表中我们可以看到，最前面的全自动车钩大约能吸收掉 60% 的冲击能量，在其后面半自动车钩大约能吸收掉 20% 的能量，再其后的半自动车钩吸收的能量小于 10%。

2．压溃管和橡胶堆缓冲器的基本原理

该缓冲装置的特点是通过钢管的永久变形来吸收能量，吸收恒定的不变力，其最大压力值为 1 000 kN ±5%，行程为 185 mm 和 100 mm 两种。一般情况下压溃管是不会损坏的，除非发生撞击。在列车正常的牵引和制动时，通过橡胶缓冲器的橡胶变形来吸收冲击能量。在列车相撞时，通过压溃管的永久变形来吸收冲击能量。压溃管（见图 1—32）属于免维修部件，当压溃管的变形部位超过规定的标准时必须进行更换。压溃管的特性曲线因具有矩形特征线，因而可以最大限度地吸收冲击力，它与 EFG3 橡胶缓冲系统（见图 1—33）的组合可以形成最佳的组合。

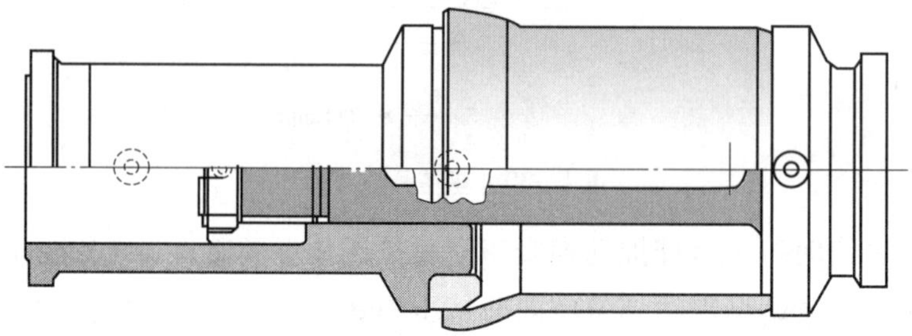

图 1—32　压溃管

在 EFG3 系统中，其橡胶弹簧块可承受剪切力，因而减震效果好，而且磨损少、体积小、维护简便。由于可以双向受力并配有行程限制块，因而橡胶弹簧块使用寿命长。图 1—34 是模拟了 EFG 系统受压后橡胶弹簧块的变化，可以清楚地看到橡胶弹簧受压后变形的状况。

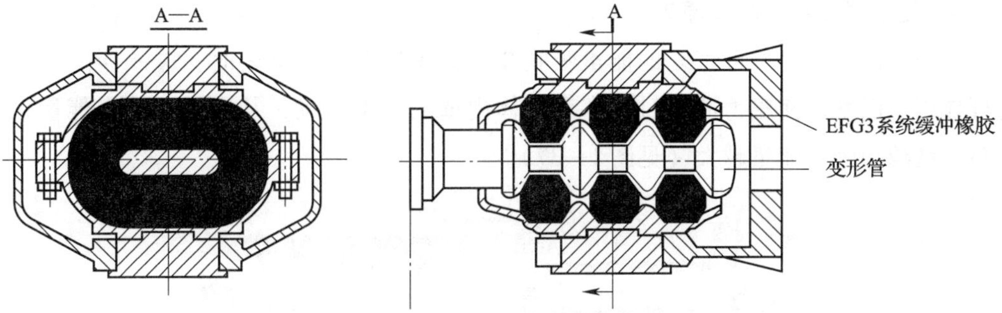

图 1—33　EFG3 缓冲器

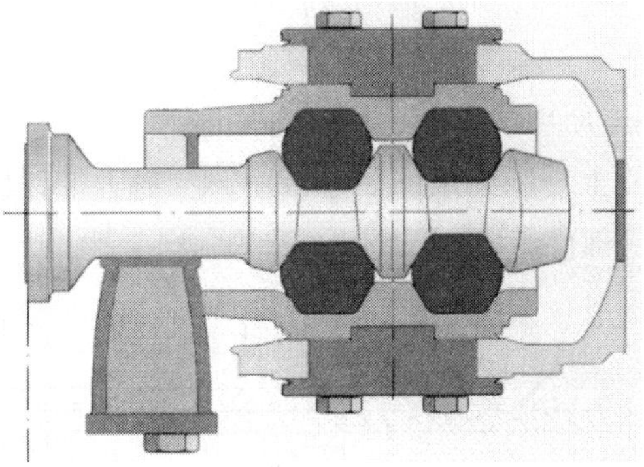

图 1—34　EFG 系统受压后橡胶弹簧块的变化

在图 1—35 中，最上方的水平虚线表示车体的强度，在此虚线下方的矩形图示表示压溃管的能量吸收特性和最大工作行程。

EFG3 橡胶缓冲系统的特性曲线如图 1—36 所示，配有 3 对橡胶弹簧的 EFG3 系统拉伸时吸收的能量约为 13 kJ，压缩时吸收的能量约为 22 kJ。

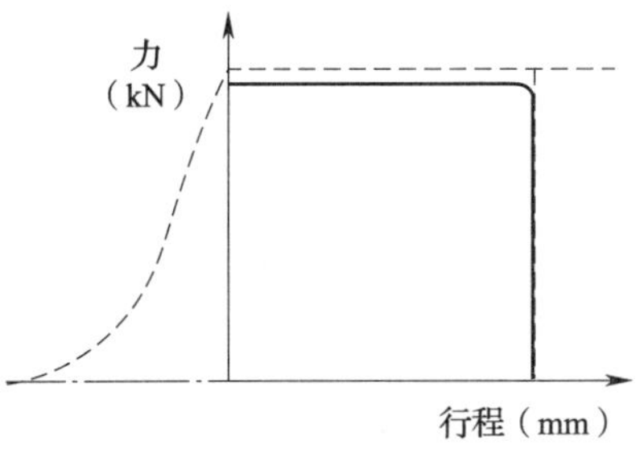

图 1—35　压溃管的能量吸收特性曲线

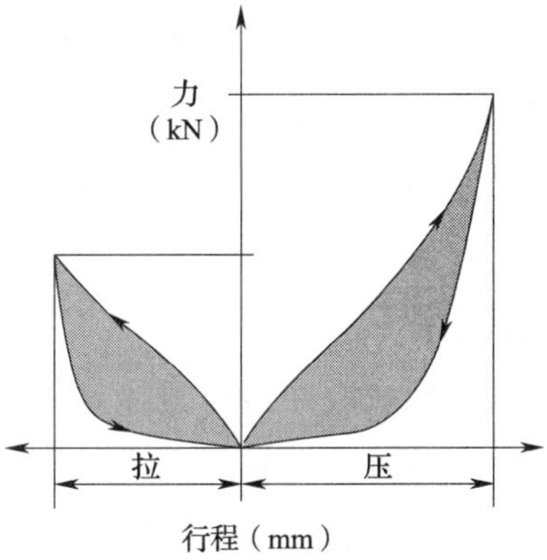

图 1—36　EFG3 橡胶缓冲系统的特性曲线

3．液压缓冲器的基本原理

液压缓冲器是一种可恢复的能量吸收装置。车钩在发生撞击时，缓冲器内部的活塞杆作用于活塞，使压力油通过活塞和缸体内壁的间隙流动，从而吸收冲击能量，其相对速度越快吸收能量越大（见图 1—37）。

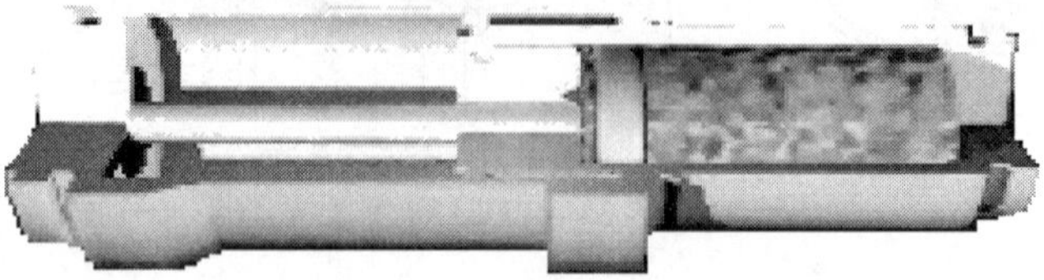

图 1—37　液压缓冲器

4．气液缓冲器的基本原理

气液缓冲技术是国际上一项先进的缓冲技术。气液缓冲器由缸体、柱塞、节流调节芯棒、气液隔离活塞等部件组成（见图 1—38）。

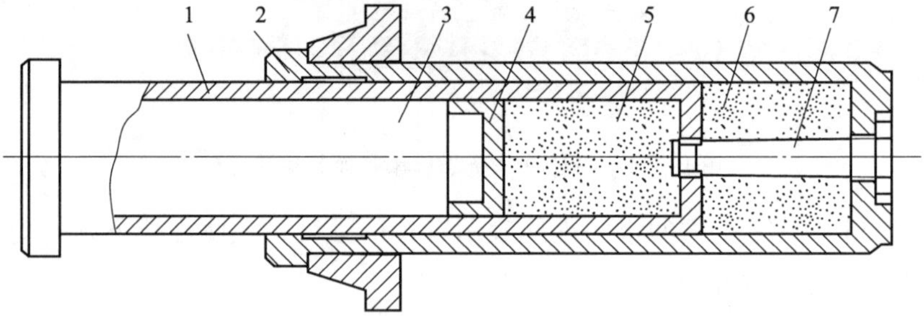

图 1—38　气液缓冲器的工作原理

1—柱塞　2—缸体　3—气室　4—活塞　5—液室　6—液室　7—节流调节芯棒

气液缓冲器的工作原理：当冲击物碰撞到柱塞时，柱塞向缸体内运动，压缩液室 6 将冲击能转化为液压能。液室 6 中的油液在压力作用下经节流孔流向液室 5，通过油液流经节流孔时所产生的压力损失使液压能得以损耗，达到吸收冲击能量的目的。气液缓冲器气室空气的作用类似弹簧，使缓冲器在完成一次冲击能吸收后恢复到初始状态。

弹簧和橡胶缓冲器的缓冲材料分别为金属弹簧、摩擦片和橡胶块。金属弹簧和摩擦片在受到冲击时易产生疲劳损伤和断裂，橡胶块在大气环境中受冲击一段时间后将产生橡胶老化和碎裂等现象，从而失去弹性，造成缓冲器的失效和损坏。气液缓冲器的工作介质为压缩空气（如氮气）和液压油，具有吸收冲击能量高，产生的反作用力小，定位效率高，使用寿命长等优点。

1.3.5 对中装置

1. 水平对中装置的结构

水平对中装置分气动对中装置和机械对中装置两种结构。

（1）气动对中装置。气动对中装置（见图1—39）安装在缓冲器支承座的下方，缓冲器的尾部下方的左、右各设有一个对中气缸，一个能旋转的凸轮板依靠两个销轴安装在对中装置部件内的中心轴上，它的活塞头部安有一个水平滚轮，当气缸充气活塞向外伸出时，能自动嵌入固定在球铰座下方的一块呈桃子形凸轮板左、右两个缺口内，从而达到使车钩自动对中的目的，也就是使车钩缓冲装置的中心线与车体中心线在一个垂直平面内，以便使两个钩头对准对方车钩的钩坑。同样，对中气缸的充气和

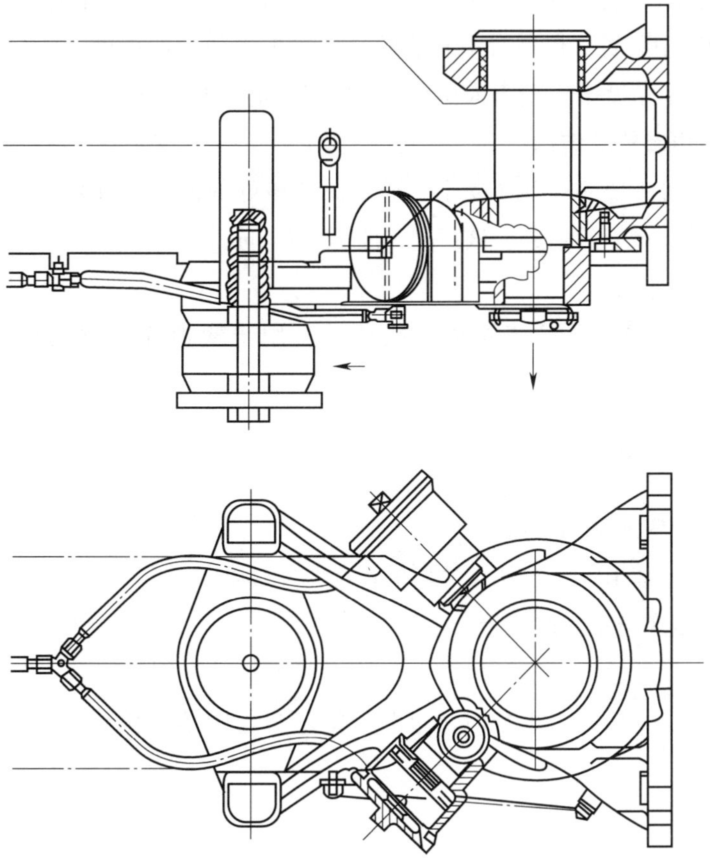

图1—39　DC01型列车车钩对中装置

排气也是通过钩头心轴顶部的凸轮来驱动二位五通阀的阀芯，从而使对中气缸进行充气或排气。整个车钩缓冲装置在水平面内可绕销轴左右摆动40°，在垂直面内借助于球形轴套嵌有橡胶件可上下摆动5°，以满足车辆运行水平曲线和竖曲线的要求。

1）当车钩处于解钩状态时，对中装置能确保车钩保持在列车中心线位置并防止车钩在水平方向上的摆动。

2）当车钩处于待挂状态时，对中气缸充气使车钩自动对中。

3）当车钩处于连挂状态时，对中气缸处于排气状态，对中气缸排气，车钩则可自由转动，则有利于列车过弯道。

4）当车辆在弯道上进行连挂时，则必须将对中装置关闭，否则无法进行连挂。这时只需将车钩下方的进气阀门关闭即可使对中气缸排气，使车钩处于自由状态，而在进行连挂时可利用钩头法兰前的导向杆进行对中，从而顺利地进行连挂。

（2）机械对中装置。机械对中装置的原理是根据弹簧的挠度较大，可以使车钩在水平方向摆动一定角度来实现车钩在直线和曲线段的正常连挂。

2. 垂向对中装置的结构

垂向对中装置一般采用垂向支承，通过调整该处的调节螺栓可以实现调节车钩端面中心线到轨道上表面的距离，该距离一般为720 mm。

3. 导向杆的作用

导向杆俗称象鼻子，位于机械钩头前端，用于弯道连挂时两车钩进行对中导向。

1.3.6 钩尾冲击座

1. 钩尾冲击座的结构特点

钩尾冲击座呈球形，将车钩缓冲器的尾部与车体底架连接。

2. 钩尾冲击座与车体的连接

采用过载保护螺栓的形式，用鼓形套筒来避免超过许用的载荷（800 kN）加载到车体上。当车辆在发生冲击事故时，过载保护环自行脱落，从而使车体的损坏得到控制。

技能要求

调整电动列车全自动车钩面中心线距轨面的距离

操作要求

1. 熟悉全自动车钩安装的位置。
2. 选用合适的工具测量车体地板面高度，熟悉车体地板面高度尺寸标准。
3. 掌握地板面高度与车钩高度的相互关系。
4. 选用合适工具测量车钩高度，熟悉车钩高度尺寸标注。
5. 选用合适工具调整车钩高度。
6. 作业结束后，整理工具、器具清场。
7. 所有作业须严格按照实训安全规范操作。

操作步骤

步骤 1　检查 TC 车转向架空簧内压缩空气是否充足。如空簧压力不足，需起车升弓打风。待打风结束，车体稳定后再进行下一步操作。

步骤 2　在客室车门正下方的钢轨上表面放置一根刚性直尺。

步骤 3　用卷尺测量车门门槛上表面到刚性直尺下边沿的距离，并读数。测量时，卷尺应自由下垂；读数时，不能手扶卷尺。

步骤 4　判断 TC 车地板面高度值符合设计要求（见图 1—40）。

图 1—40　测量地板面高度

西门子车型地板面高度 h = 1 130 ± 10 mm；阿尔斯通车型地板面高度 h = 1 130 + 13/ − 10 mm。

步骤 5　在车钩钩头正下方的钢轨上表面放置一根刚性直尺。

步骤 6　用卷尺测量车钩钩头平面的水平中心线到刚性直尺下边沿的距离，并读数（见图 1—41 和图 1—42）。测量时，卷尺应自由下垂；读数时，不能手扶卷尺。

步骤 7　判断所测量的车钩高度值，标准值为 720 + 8/ − 0 mm。如超标，则需调整。

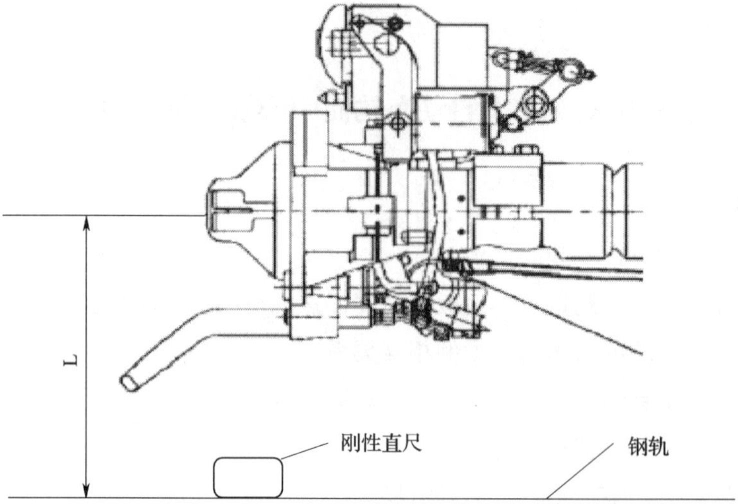

图 1—41　车钩水平中心线距轨面高度值 L

图 1—42　测量车钩水平中心线距轨面高度

步骤 8　用 36#开口扳手拧松车钩垂向支承的紧固螺母（见图 1—43）。

步骤 9　用 36#开口扳手调整车钩垂向支承的调整螺栓（见图 1—44）。车钩垂向支承两侧的调整螺栓的调整尺寸需一致，使车钩钩头面的水平中心线水平，钩头无倾斜。

步骤 10　复测车钩高度，符合 720 +8/ -0 mm 的设计要求。

步骤 11　用 36#开口扳手紧固车钩尾座的垂向调整螺栓的紧固螺母。

步骤 12　用记号笔在紧固螺母上重新打防松标记。

图 1—43 拧松垂向支承紧固螺母

图 1—44 调节垂向支承调整螺栓

步骤 13 整理工具、器具清场，操作完成。

1.4 转向架

学习目标

完成本节的学习后，您能够：

1. 了解电动列车转向架的组成及作用

2．掌握电动列车转向架各主要部件的结构及特点

3．能对转向架的尺寸进行测量和调整

知识要求

1.4.1 轮对

1．车轴的结构与特点

城市轨道交通车辆使用的车轴，绝大多数为圆截面实心轴，采用优质碳素钢加热锻压成形，再经热处理（正火或正火后再回火）和机械加工制成。

车轴为转向架的簧下部分，降低簧下部分的质量对改善车辆运行品质和减少对轮轨动力的作用有很大影响。

车轴一般由轴颈、轮座、防尘板座及轴身等部位组成（见图1—45）。轴颈是安装轴承的部位，担负车辆自重并传递各方向的静、动载荷。轮座是车轴与车轮配合的部位，也是车轴受力最大的部位。防尘板座为车轴与防尘板配合部位，介于轮座与轴颈之间，是两者中间过渡的部位，以减小应力集中。轴身是车轴的中央部分，受力较小。

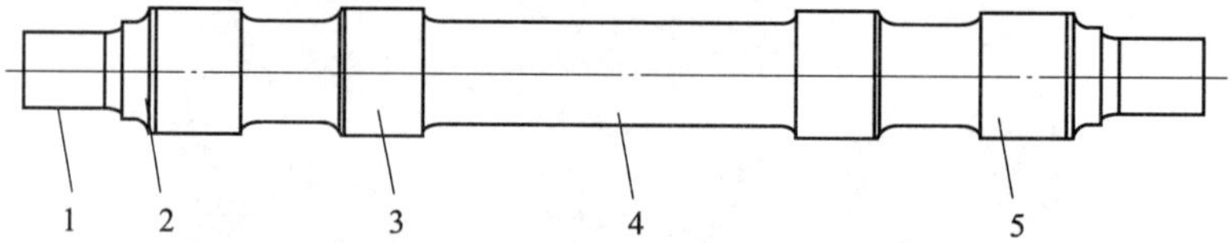

图1—45 车轴

1—轴颈 2—防尘板座 3—制动盘座 4—轴身 5—轮座

2．车轮的结构与特点

车轮的结构、形状、尺寸、材质是多种多样的。按其结构分为整体车轮和带箍车轮两种。整体车轮按其材质可分为辗钢轮和铸钢轮等。带箍车轮又可分铸钢辐板轮心车轮、辗钢辐板轮心车轮和铸钢辐条轮心车轮。为降低噪声，减小簧下质量，还有橡胶弹性车轮、消声轮等。

整体辗钢轮由踏面、轮缘、辐板和轮毂组成，如图1—46所示。车轮与钢轨的接触面称为踏面，一侧沿着圆周突起的圆弧部分称为轮缘，是保持车辆沿钢轨运行，防止脱轨的重要部分。踏面沿径向的厚度部分称为轮辋。轮毂是轮与轴互相配合的部分。

轮辋与轮毂联接的部分称为辐板。

3. 车轮踏面的结构与特点

车轮踏面一般做成一定的斜度，称为锥形踏面，如图1—47a所示。踏面锥形的作用是：在直线运行时使轮对能自动调中；在曲线运行时，由于离心力的作用使轮对偏向外轨，由于踏面是锥形，使外轨上滚动的车轮以较大的滚动圆滚动，在内轨上以较小的滚动圆滚动，从而减少车轮在钢轨上滑动，使轮对顺利通过曲线；车轮踏面有斜度，运行时车轮与钢轨接触的滚动直径在不断地变化，致使轮轨的接触点也在不停地变换位置，从而使踏面磨耗更为均匀。

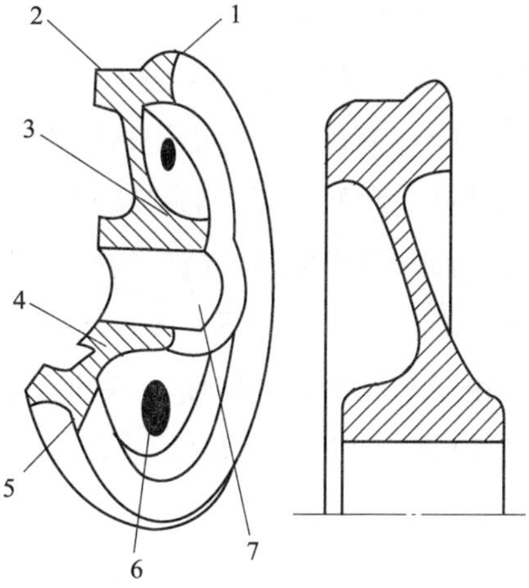

图1—46 整体辗钢轮

1—轮辋 2—踏面 3—辐板 4—轮毂 5—轮缘 6—辐板孔 7—轮毂孔

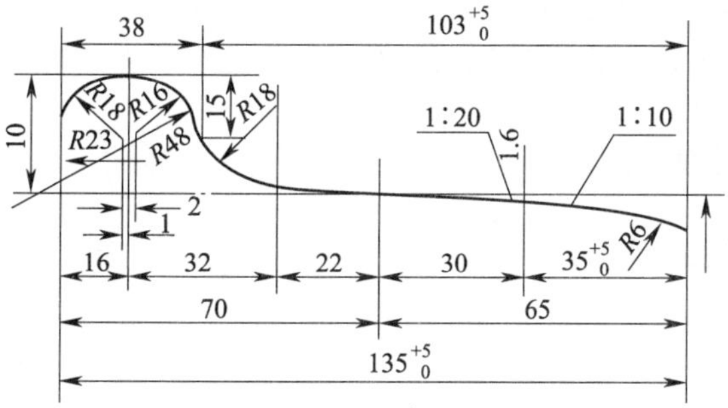

a）

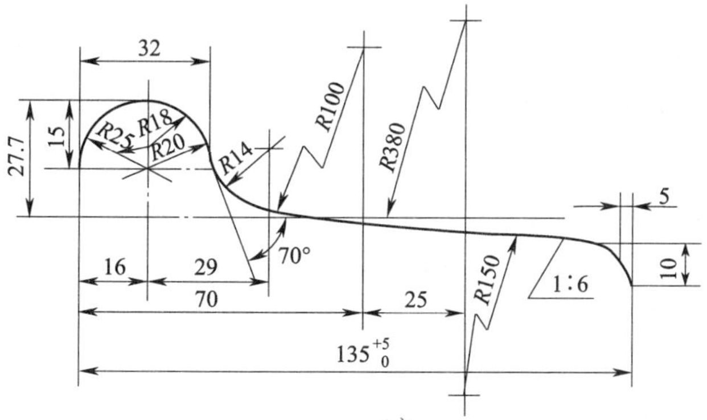

b）

图1—47 车轮踏面型式

a）锥形踏面 b）磨耗形踏面

除了锥形踏面外，近年来在研究轮轨磨耗的基础上提出了磨耗形踏面（见图 1—47b)。实践证明，锥形踏面车轮的初始形状在运行中将很快磨耗，当磨耗成一定形状后，车轮与钢轨的磨耗都变得缓慢，磨耗后踏面形状将相对稳定。如果把车轮踏面一开始就做成类似磨耗后的稳定形状，即磨耗形踏面，可明显地减少轮轨的磨耗，延长使用寿命，减少换轮、镟轮的检修工作量，其经济效益是十分明显的。磨耗形踏面可减小轮轨接触应力，提高车辆运行的横向稳定性和抗脱轨安全性。

由于车轮踏面有斜度，各处直径不相同，因此根据国际铁路组织规定，在离轮缘内侧 70 mm 处测量所得的直径为名义直径，作为车轮的滚动圆直径。上海地铁车辆车轮的轮径为 840 mm。轮径小，可以降低车辆重心，增大车体容积，减小车辆簧下质量，缩小转向架固定轴距，但同时也有阻力增加、轮轨接触应力增大、踏面磨耗加快等不足之处。

地铁、轻轨车辆及高速列车车辆也有采用弹性车轮。这种车轮在轮心轮毂与轮箍之间装有橡胶弹性元件，使车轮在空间三维方向上具有一定的弹性。弹性车轮减小了簧下自重，减小了轮轨之间的作用力，缓和冲击，减小轮轨磨耗，降低噪声，改善车轮与车轴的运用条件，提高列车的运行平稳性。

1.4.2 一系悬挂装置

1. 一系悬挂装置的型式

为了减少线路的不平顺和轮对运动对车体的各种动态影响（如垂向振动、横向振动和通过曲线等)，保证车辆的运行平稳，转向架在轮对与构架之间设有弹性悬挂装置，该装置称为一系悬挂装置。根据上海地铁电动列车的不同车型，转向架使用的一系悬挂装置形式也有所不同。西门子车型的一系悬挂装置采用人字形橡胶弹簧型式（见图 1—48)，阿尔斯通车型采用螺旋钢弹簧型式（见图 1—49)，庞巴迪车型采用锥形橡胶弹簧型式（见图 1—50)。

2. 一系悬挂装置的特点

采用人字形橡胶弹簧型式的一系悬挂装置，由四层橡胶和四层钢板及一层铝合金板通过硫化而制成。拖车和动车本身的自重不同，拖车和动车的人字形橡胶弹簧的刚度也不同，动车人字形橡胶弹簧的刚度略大于拖车。

采用螺旋钢弹簧型式的一系悬挂装置与橡胶止挡组合，能承受轴箱与转向架构架之间的高载荷。

图 1—48　人字形橡胶弹簧型式

图 1—49　螺旋钢弹簧型式

图 1—50　锥形橡胶弹簧型式

采用锥形橡胶弹簧型式的一系悬挂装置，由多层的橡胶和钢板彼此交替叠合并牢固地粘合在一起成为一个整体，在锥形橡胶弹簧下设有调整补偿垫片，以补偿车体自重的差异，确保空载情况下车体的正确高度。

3．轴箱定位装置的作用

轴箱装置的作用是将轮对和构架（或侧架）联系在一起，使轮对沿钢轨的滚动转化为车体沿线路的平动，并把车辆的自重以及各种载荷传递给轮对，保证良好的润滑性能，减少磨耗，降低运行阻力，防止燃轴。

4．轴箱定位装置的型式

由于地铁车辆的允许轴重较大（一般为 10～25 t），在运行中承受着变化的静、动载荷的作用，因此，轴箱中安装的轴承要求承载能力大、强度高、耐冲击、寿命长等。一般城市轨道交通车辆轴箱采用的轴承及滚动轴承，按滚动体形状可分为圆柱滚动轴承、圆锥滚动轴承和球面滚动轴承。圆柱滚动轴承和圆锥滚动轴承如图 1—51 所示。

采用滚动轴承可降低车辆的启动阻力和运行阻力，改善车辆走行部分的工作条件，减少燃轴的惯性事故，减轻了维护和检修工作，降低运行成本。

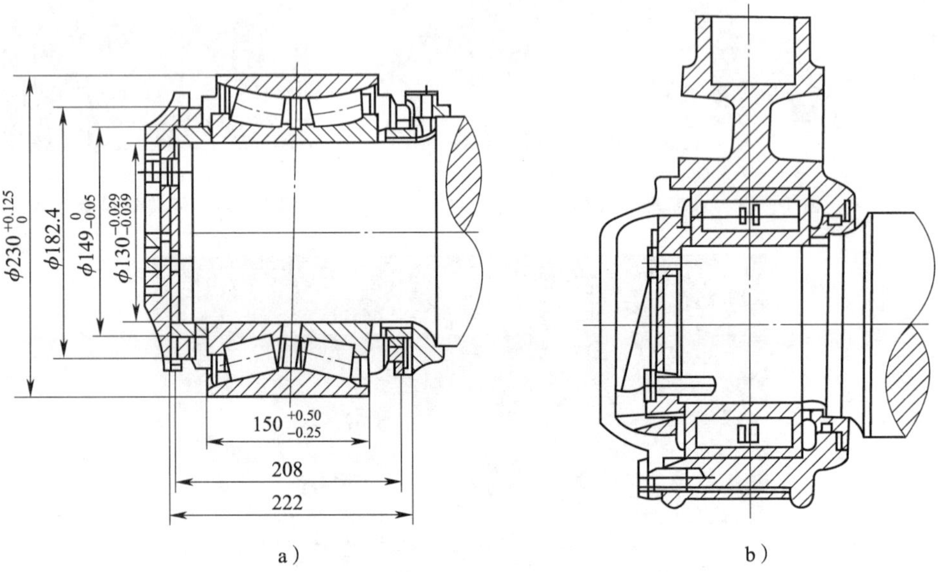

图 1—51 轴箱轴承
a）圆锥滚动轴承 b）圆柱滚动轴承

1.4.3 二系悬挂装置

1. 二系悬挂装置的组成

二系悬挂装置由空气弹簧、高度调整阀、垂向油压减震器、抗侧滚扭杆等组成，如图 1—52 所示。

2. 空气弹簧装置的作用和结构

相较于钢弹簧，空气弹簧在改善车辆的动力性能和运行品质上具有显著的优点，所以在近代的地铁、轻轨以及高速列车上获得广泛的应用。

空气弹簧装置的整个系统由空气弹簧本体、附加空气室、高度控制阀、压差阀、溢流阀、风缸等组成。

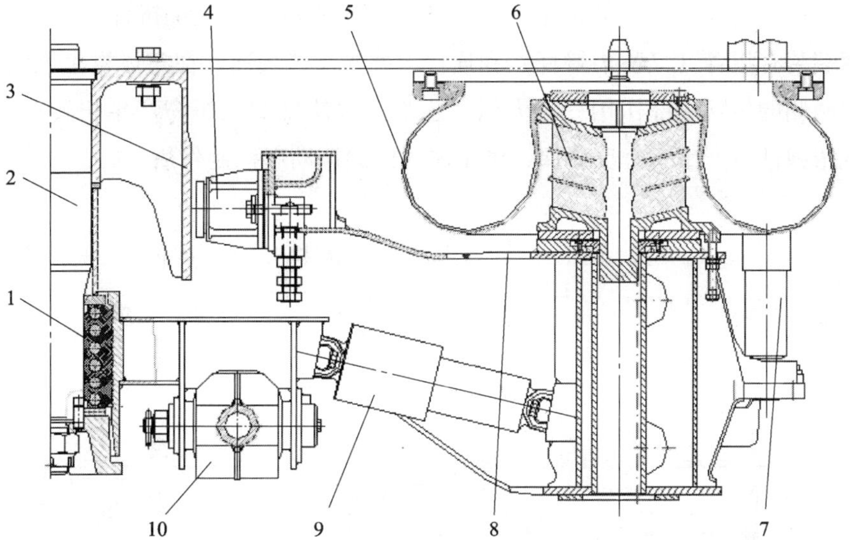

图 1—52　二系悬挂装置

1—复合弹簧　2—中心销　3—中心销座　4—横向止挡　5—空气弹簧
6—应急弹簧　7—垂向减振器　8—构架　9—横向减振器　10—牵引拉杆

3. 液压减振装置的作用和设置

城市轨道交通车辆上采用的减振器与弹簧一起构成弹簧减振装置。弹簧主要起缓冲作用，缓和来自轨道的冲击和振动的激扰力。而减振器的作用是减少振动，它的作用力总是与运动的方向相反，起着阻止振动、消耗能量的作用。通常减振器是将机械能转化为热能，减振阻力的方式和数值不同，直接影响到振动性能。

城市轨道交通车辆采用的减振器有如下分类：

（1）按阻力特性可分为常阻力减振器和变阻力减振器。

（2）按安装位置可分为轴箱减振器和中央减振器。

（3）按减振方向可分为垂向减振器、横向减振器和纵向减振器。

（4）按结构特点又可分为摩擦减振器和液压（又称油压）减振器。

城市轨道交通车辆一般都使用液压减振器。液压减振器主要利用液体的粘滞阻力所做的负功来吸收振动能量。它的优点在于其阻力是振动速度的函数，最显著的特点是振幅的衰减与幅值大小有关，振幅大时衰减量也大，反之亦然。这种“自动调节”减振的性能，正符合城市轨道交通车辆的要求。

4．抗侧滚扭杆的作用和结构

抗侧滚扭杆横穿于构架的横梁中，如图 1—53 所示。由一根扭杆弹簧穿装在横梁中间，两端装有扭臂（又称力臂杆）和连杆，并与车体相连。在车体发生侧滚振动时，使转向架两侧的扭臂端部作用一对力偶，这个力偶使抗侧滚扭杆产生扭转变形，此时扭杆的抗扭弹性也产生一个反力偶，对车体的侧滚振动起抑制作用。

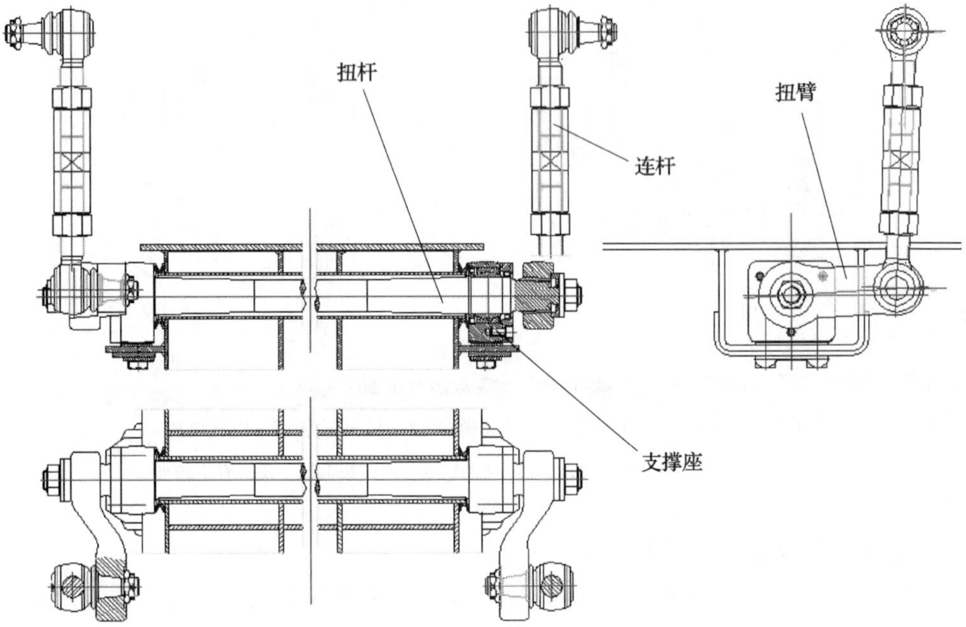

图 1—53　抗侧滚扭杆

技能要求

转向架轮缘尺寸的测量

操作要求

1．掌握车轮轮缘尺的使用方式。

2．掌握车轮轮缘厚、轮缘高和 qR 值的测量方法和读数。

3．知道车轮轮缘相关尺寸的标准值。

4．作业结束后，整理工具、器具清场。

5．所有作业须严格按照实训安全规范操作。

操作步骤

步骤1　调整好轮缘尺的零位（见图1—54和图1—55）。

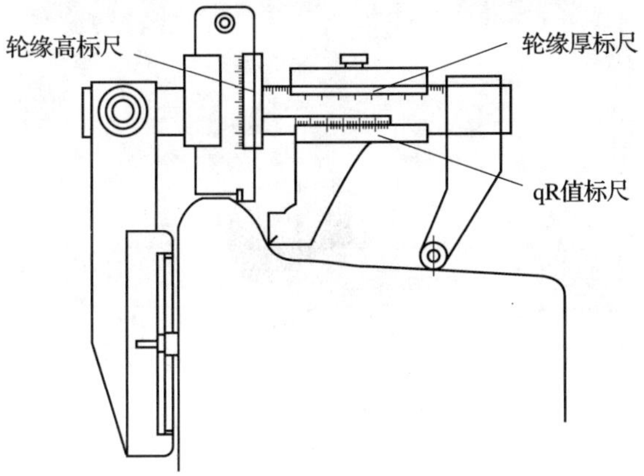

图1—54　轮缘尺的三个重要指标

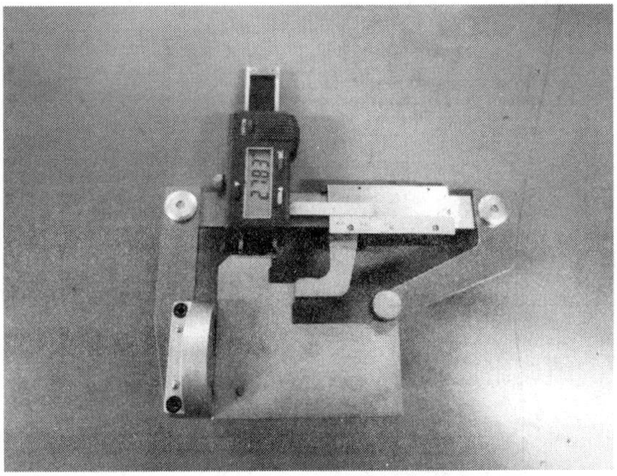

图1—55　轮缘尺的校准方法

步骤2　将轮缘尺的磁铁吸附在轮缘内侧的平面上，定位滚轮贴在踏面上，移动横向标尺，使其测量刃口与轮缘接触，将垂向标尺压至轮缘顶面，读出相应的读数（见图1—56）。

步骤3　轮缘高、轮缘厚和qR值均需符合标准，如任意一项超标，必须进行镟轮作业，修正轮缘尺寸。

注：西门子车型的轮缘厚Sd为26~32 mm，轮缘高Sh为28~34 mm，qR值为6.5~13.5；阿尔斯通车型的轮缘厚Sd为25.7~32.3 mm；轮缘高Sh为27.7~34.3 mm；qR值为6.5~13.5。

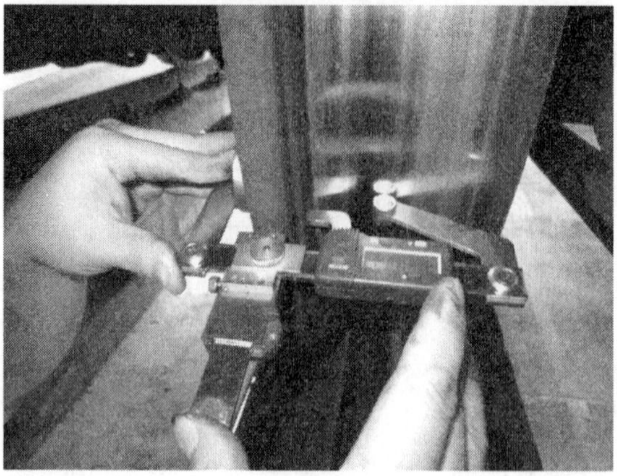

图 1—56　轮缘尺的测量方法

步骤 4　整理工具、器具清场，操作完成。

1.5　机械制动系统

学习目标

完成本节的学习后，您能够：

1. 了解电动列车制动系统的制动方式和制动模式
2. 熟悉制动系统的结构组成及特点
3. 掌握制动系统的基本工作原理
4. 能处理机械制动系统的简单故障

知识要求

1.5.1　制动方式

1. 闸瓦制动的特点

闸瓦制动又称踏面制动，是最常用的一种制动方式。制动时，闸瓦压紧车轮，轮、瓦间发生摩擦，电动车组的动能大部分通过轮、瓦间的摩擦变成热能，经车轮与闸瓦最终逸散到大气中去。闸瓦制动是通过闸瓦与车轮踏面的机械摩擦将列车的动能转变为热能消散于大气，并产生制动力（见图 1—57）。

图 1—57 闸瓦制动

闸瓦制动效果的好坏，主要取决于摩擦热能的消散能力。使用这种制动方式时，闸瓦摩擦面积小，大部分热负荷由车轮来承担。列车速度越高，制动时车轮的热负荷也越大。如用铸铁闸瓦，温度可使闸瓦熔化；即使采用较先进的合成闸瓦，温度也会高达 400 ~ 450℃。当车轮踏面温度升高到一定程度时，就会使踏面磨耗、裂纹或剥离，既影响使用寿命也影响行车安全。可见，传统的踏面闸瓦制动无法适应高速列车的需要。

2. 盘形制动的特点

盘形制动有轴盘式（见图 1—58）和轮盘式之分（见图 1—59）。一般采用轴盘式盘形制动装置。制动时，制动缸通过制动夹钳使闸瓦夹紧制动盘，使闸瓦和制动盘之间产生摩擦，把列车的动能转化为热能消散于大气，并产生制动力。

图 1—58 轴盘式制动

图 1—59 轮盘式制动

盘形制动的优缺点：

（1）盘形制动可以双向选择摩擦副，因此可以获得比闸瓦制动大得多的制动功率。

（2）由于作用力不在车轮踏面上，盘形制动可以大大减轻车轮踏面的热负荷和机械磨耗。

（3）制动平稳，几乎没有噪声。

（4）盘形制动的摩擦面积大，而且可以根据需要安装若干套，制动效果明显高于铸铁闸瓦，尤其适用于时速 120 km 以上的高速列车。

（5）车轮踏面没有闸瓦的磨刮，将使轮轨黏着恶化。

（6）制动盘使簧下自重及冲击振动增大，运行中会消耗牵引功率。

3．电阻制动的特点

将发电机输出的电能加于电阻器中，使电阻器发热，将电能转变为热能。而这些热能靠外加风扇强迫通风而消散于大气中。

电阻制动能提供稳定的制动力，但在列车底架下需要较大的空间安装电阻箱（见图 1—60）。

图 1—60　制动电阻箱

4．再生制动的特点

再生制动是将列车的动能通过电动机（将电动机转接成发电机）转化成电能（其电压高于网压时），反馈至电网上供其他列车应用（见图 1—61）。

再生制动既节约能源，又减少了制动时对环境的污染，且基本上无磨耗，因此是一种最为理想的制动方式。

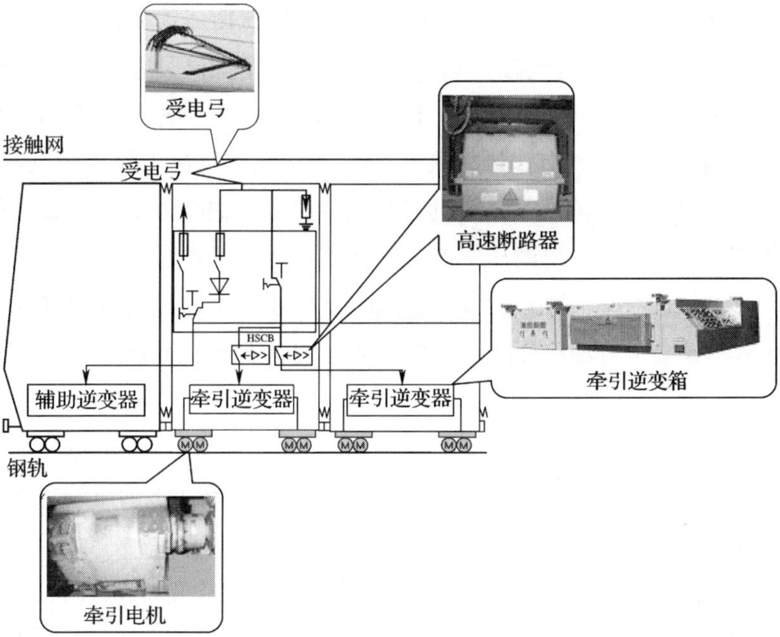

图 1—61　再生制动

1.5.2　空气压缩机

1. 空气压缩机的结构

上海地铁电动列车上大多安装的是 VV120 型空气压缩机总成（见图 1—62）。

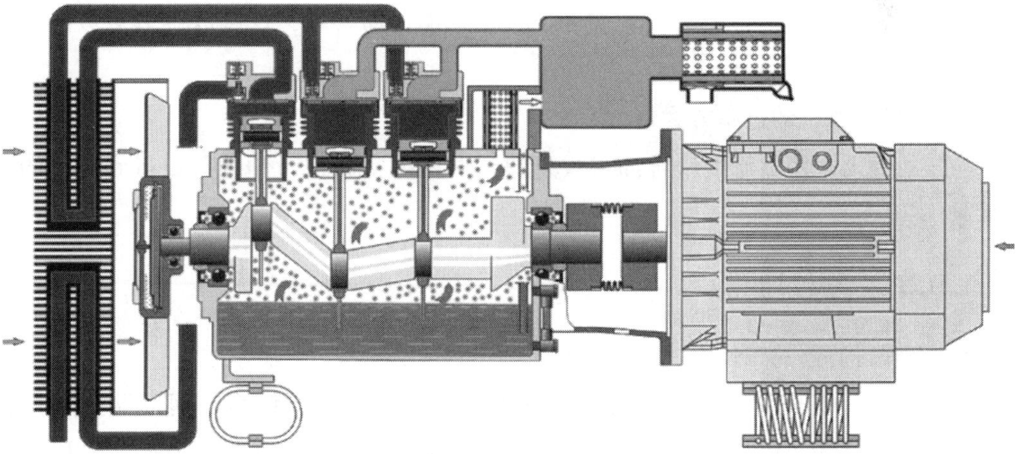

图 1—62　VV120 型空气压缩机

该型号空气压缩机为三缸压缩机，分两级压缩，即低压压缩和高压压缩。其中两个缸为低压气缸，一个缸为高压气缸。低压气缸先将外界大气压缩至 2.6 bar 左右［巴（bar）是压强的单位，1 巴（bar）＝100 千帕（kPa）＝10 牛顿/平方厘米（N/cm^3）＝0.1 MPa］，然后再进入高压气缸，压缩到 9 bar。每个气缸顶部都设有吸气阀和排气阀。外界大气通过设在空气压缩机进气口处的过滤器净化后，被吸入低压气缸进行压缩，为了提高压缩效率，低压气缸输出的压缩空气被送到中间冷却器，进行冷却后的低压空气再被送至高压气缸做进一步的压缩。最后，压缩空气还必须通过后冷却器冷却使其温度降低，通过干燥过滤器进行油水分离后，变成洁净的、干燥的压缩空气并送至主风缸进行储存。

VV120 型空气压缩机的转速为 1 450 rpm（rpm 是转速单位，表示每分钟多少转，主要用于表明机械转子的转速），排气量为 920 L/min，能产生 9 bar 的压缩空气。

2．空气压缩机的润滑方式

在空气压缩机运行时，气缸的润滑是依靠烧焊在曲轴上的小铁片将曲轴箱内的润滑油飞溅到气缸壁上来润滑的。这种润滑方式称为飞溅润滑。正因为采用了这种润滑方式，因此空气压缩机输出的压缩空气含有一定量的油分。

3．空气压缩机的冷却方式

VV120 型空气压缩机的冷却结构由中间冷却器和冷却风扇组成。中间冷却器为翅片管式冷却器结构，并采用强迫通风冷却，强迫通风的风源来自于安装在曲轴端头的风叶。冷却风扇的叶片不是直接安装在曲轴端头，而是通过温控液力联轴器连接的，此联轴器在温度较低时，联轴器内的液体黏度很低而不传递转矩，只有当联轴器内的液体达到一定温度时，它的黏度随温度上升，才能传递转矩，这种联轴器可以降低能耗。

4．空气压缩机的过滤方式

空气过滤器采用过滤纸代替油浴式过滤器对压缩空气进行净化，以得到更好的过滤效果。

1.5.3 干燥过滤器

1．干燥过滤器的工作方式

空气压缩机工作时，压缩空气经冷却器冷却后会产生凝结水。而气路要求是在相对湿度低于 35% 时才能减少腐蚀，系统才能有效地工作。因此，为了除去压缩空气中多余的水分和油分，保证相对湿度低于 35%，地铁列车上应装有干燥过滤器装置。

上海地铁电动列车上大多使用双塔式空气干燥过滤器（见图 1—63）。双塔式空气干燥过滤器采取轮换工作的方法，即一个干燥塔对进入塔内的压缩空气进行去油脱水，另一个干燥塔则进行再生，过一定时间后两个塔的功能进行对换，以达到压缩机输出的压缩空气连续进行去油脱水的目的。双塔式干燥器设有一个定时脉冲发生器，使两个干燥塔的电磁阀定时地轮换开、关，以使两个塔的功能定时进行轮换。

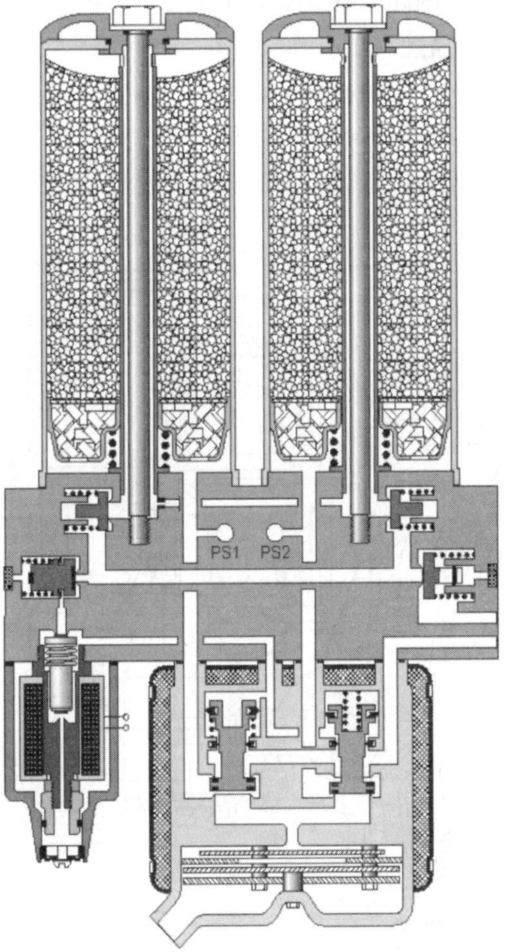

图 1—63　双塔式空气干燥过滤器

2．干燥剂

干燥过滤器以晶硅酸铝为干燥剂。该物质的分子结构使其具有极大的面积，能从空气中吸收大量水分。

1.5.4 单元制动机

1. 单元制动机的特点

由于电动列车在车辆底架下需要安装大量的电气设备，因此一般选用单元制动机作为基础制动装置。单元制动机的特点是结构紧凑、制动效率高、作用灵敏，容易做到少维修或在较长时间内无维修。同时由于单元制动机带有间隙调整装置，能使闸瓦间隙保持在规定范围之内，因此一般不需要进行人工调整。

2. 单元制动机的工作原理

以上海地铁电动列车所选用的德国 KNORR－BREMSE 生产的 PC7Y（见图 1—64）和 PC7Y/F 两种型号的单元制动机为例。

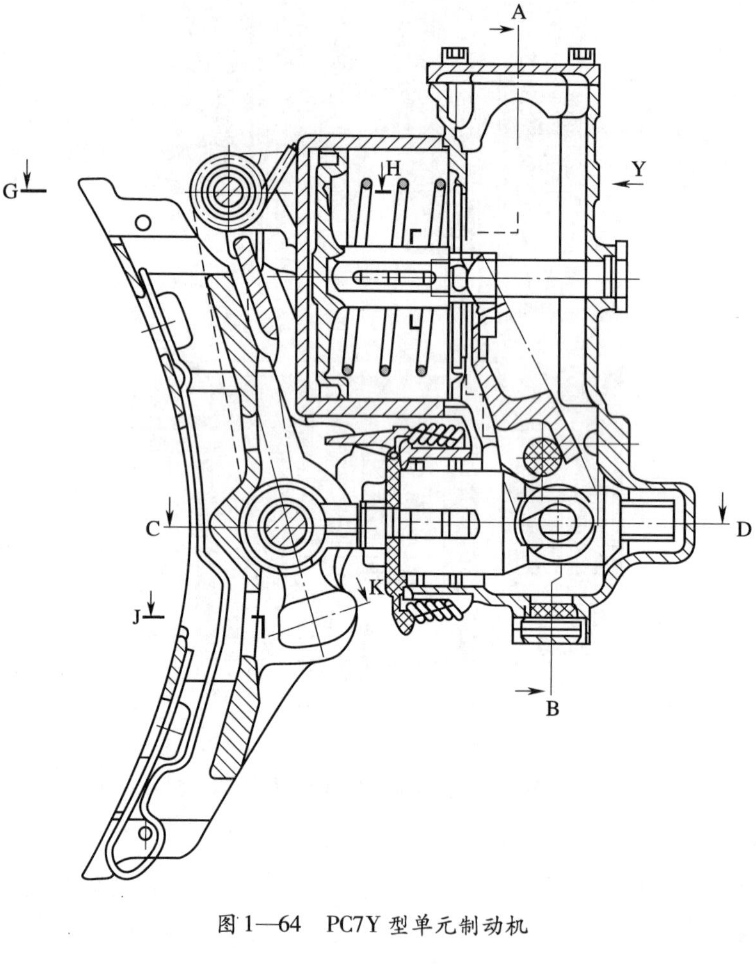

图 1—64 PC7Y 型单元制动机

制动时，压缩空气从气管进入闸缸推动活塞向缸底行进，同时活塞弹簧也受到压缩，活塞的导向管带动杠杆围绕安装在壳体上的销轴转动，而杠杆的另一端则带动间隙调整器向车轮方向推动闸瓦托及闸瓦行进，最终使闸瓦紧贴在车轮踏面上。由于杠杆比为1∶2.85，所以闸瓦上的力是活塞力的2.85倍。

缓解时，通过气制动控制单元（BCU）中的中继阀将闸缸中的压缩空气排到大气中去，这时闸瓦及闸瓦托上所受到的推力被撤除，由于活塞弹簧及闸瓦托吊杆上端头的扭簧的反弹作用使闸瓦与活塞复位。

3. 间隙调整器的作用

列车制动时，闸瓦与车轮踏面摩擦而产生磨损，使制动机与车轮的间隙增大，从而会影响单元制动机的功效。为了保证达到设计的制动效果，则必须使闸瓦与车轮的间隙保持一定的距离。间隙调整器的作用是：在缓解时，使闸瓦与车轮踏面之间的间隙不因制动时的磨耗而增加，使这个距离始终保持在一定范围内，也就是当闸瓦磨损时，间隙能自动得到补偿。间隙调整器每次调整的间隙为4 mm（停放制动为2 mm）。

4. 停放制动装置的工作原理

PC7Y/F型单元制动机（见图1—65）的工作原理和PC7Y型单元制动机完全一样，只是其另外附带了停放制动装置。

当压缩空气从气管进入闸缸，其活塞被推向杠杆处，此时安装在活塞内的双锥形弹簧受到压缩，而安装在活塞中心线上的螺杆及螺套也被推动向杠杆处运动，但很快螺杆被导向杆底部的机壳抵住不能再运动，因为螺套与机壳的间距很小，这时活塞在闸缸中还有很大一段活动距离，还可向前压缩锥形弹簧。由于中间的螺杆也是大螺距非自锁螺杆，只要外界有推力，螺杆就能自动旋入螺套内而使活塞继续压缩锥形弹簧。当锥形弹簧被压缩到位后，活塞停止运动。此时螺套尾部的杠杆（其另一端与常用制动的杠杆相连）处于使常用制动杠杆在制动缓解位。

当停放制动闸缸排气时，活塞在锥形弹簧的弹力作用下向缸底运动，镶嵌在活塞底部的弹簧盘则将携带着螺杆一起运动，而螺杆又携带着螺套及杠杆一起动作，最后使闸瓦在弹簧力的作用下紧贴在车轮踏面上。在此过程中，这个非自锁螺杆又会不转动而带动螺套运动，这是因为弹簧盘与螺杆头部之间存有一副锥形离合器，当弹簧盘被活塞带动向缸底运动时，锥形离合器就合上了，这样就使弹簧盘与螺杆之间不能有相对的转动，而且，弹簧盘与锥形弹簧是紧配合的，所以只要锥形弹簧不转动，螺杆就不会转动。这时，锥形弹簧另一端的弹簧盘套在闸缸盖的导向管上是动配合，且两个弹簧盘的外侧都装有平面推力轴承，因此整个锥形弹簧组件是可灵活转动的。但在缸盖侧的弹簧盘带有一圈矩形齿，这时安装在外壳上的定位销正好是插在矩形齿中使得弹簧盘不能转动，这样整个弹簧组件也就不能转动。所以，当闸缸排气时活塞能带动整个活塞部件向缸底运动，从而带动杠杆运动，实现弹簧制动。

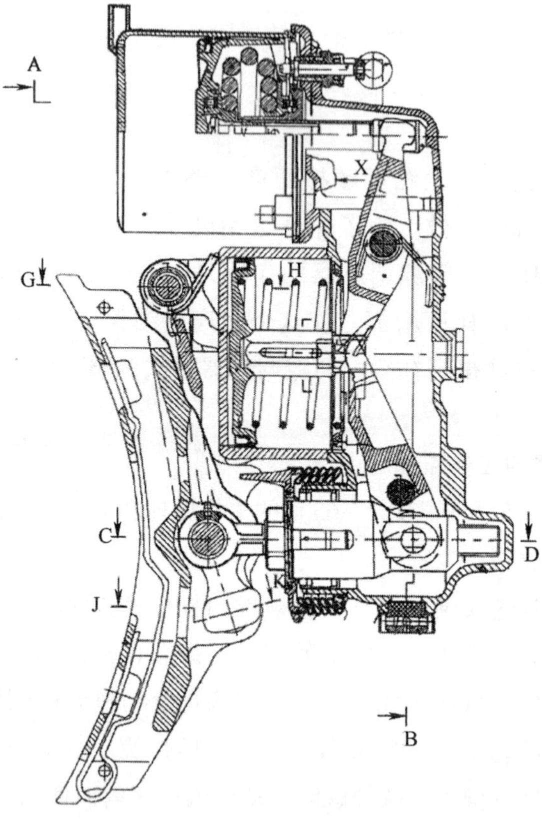

图 1—65　PC7Y/F 型单元制动机

另外，在进行列车检修作业时，列车受停放制动作用。停放制动要求在 AW3 状态下，在坡度为 4% 的轨道上也不会滑动。若需要移动列车则必须将停放制动释放。这时可将插在弹簧盘矩形齿内的定位销用人工方式拔出，使弹簧制动缓解。根据以上所述，锥形弹簧组件之所以不能转动，是因为弹簧盘被定位销锁定，现在定位销已拔去，弹簧组件即可自由转动，这时闸瓦在常用制动的活塞复位弹簧及吊杆的扭簧作用下，使两杠杆都有一回至缓解位的力，而停放制动的活塞螺杆又无自锁力，螺套反向推动螺杆旋转，螺套在杠杆力的作用下向后运动使制动得到缓解。弹簧制动人工缓解后的复位，则只需向弹簧制动缸充一次气即可使其复位。

技能要求

电动列车停放制动压力的检测

操作要求

1. 了解压力测试接口的位置。
2. 掌握用压力表具测量的方法和读数方式。
3. 掌握停放制动压力测试流程。
4. 了解相关压力数值的标准。
5. 作业结束后，整理工具、器具清场。
6. 所有作业须严格按照实训安全规范操作。

操作步骤

西门子车型

步骤 1　打开车底的气路控制板箱（PP 箱）箱盖。

步骤 2　找到停车制动压力测试接口（B22），取下接口保护盖（见图 1—66）。

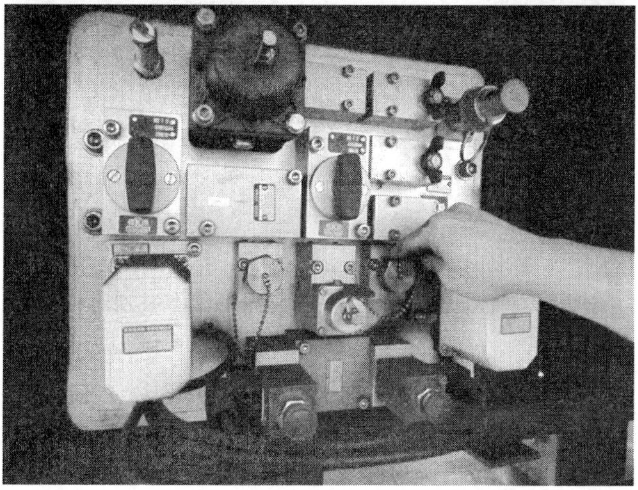

图 1—66　停车制动压力测试接口

步骤 3　安装压力表接口，将测试接口旋紧后把顶针推入测试口（见图 1—67）。

图 1—67　压力表接口连接方法

步骤 4　观察压力表，待压力表指针稳定后读数，精确至 0.1 bar。

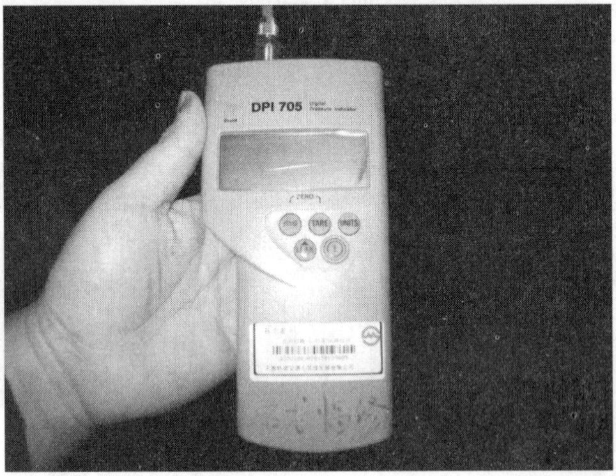

图 1—68　压力表读数方法

步骤 5　比较实际读数和系统标准读数：3.5 ~ 4.5 ± 0.1 bar 时，停放制动压力正常。

步骤 6　读数完成后，取下压力表接口，盖上接口保护盖，安装气路控制板箱（PP 箱）箱盖。

步骤 7　整理工具、器具清场，操作完成。

1.6　空调系统

学习目标

完成本节的学习后，您能够：

1. 了解制冷的基本原理
2. 熟悉制冷装置的结构和原理
3. 掌握电动列车空调系统的组成、结构和控制
4. 能够处理空调系统的简单故障

知识要求

1.6.1　制冷压缩机

1. 制冷压缩机的结构

车辆制冷装置的容量均属中、小型范围，所以几乎都是采用活塞式制冷压缩机。我国部分轨道车辆的空调装置还采用了小型螺杆式制冷压缩机及涡旋式制冷压缩机。在此主要讨论活塞式制冷压缩机的热力工作过程，介绍活塞式制冷压缩机的结构。

活塞式制冷压缩机的结构式样有多种，按压缩机与电动机的组合方式的不同可分为开启式、半封闭式和全封闭式三种。

（1）开启式是压缩机和电动机分开，压缩机的曲轴有一端伸出机体，并通过联轴器与电动机相连。

（2）半封闭式压缩机是压缩机与电动机共同组装在一个可拆的密封机壳内，压缩机的曲轴和电动机的转子轴是一根整体轴，压缩机没有伸出机体之外的转动部件。

（3）全封闭式压缩机是将压缩机与电动机共同组装在一个封闭的机壳内，机壳的接缝用焊接的方法焊死。

上海地铁电动列车的空调采用的就是全封闭压缩机。全封闭压缩机具有足够的可靠性和寿命，一般不需维修，若有损坏则采取整个更换的方法解决。

2. 制冷压缩机的工作特点

从热力学观点来评价一台压缩机的完善程度主要有两个指标：压缩机气缸的利用

程度和功率的消耗大小。

压缩机的理论工作过程是由等压吸气、绝热压缩和等压排气过程组成的。但由于气缸存在余隙容积，压缩后的气体不能排尽，因此实际上要比理论工作过程多增加一个膨胀过程，即活塞由上死点回程时，余隙内剩余气体开始膨胀，直至压力低于吸入气体的压力。所以压缩机实际工作过程与理论工作过程存在很大的差异，主要是：

（1）实际上压缩机有余隙容积。

（2）吸、排气过程中存在流动阻力损失。

（3）制冷剂气体与气缸等机件接触处有热交换。

（4）吸、排气阀和活塞环等处还有漏泄损失，以及在工作时运动机构的摩擦面要消耗摩擦功等。

由于这些因素的影响，使得压缩机实际工作过程的输气量要小于理论过程，而功率消耗则大于理论过程。

1.6.2 换热器

制冷系统中，除了制冷压缩机以外，还有一些为完成制冷循环所必需的换热器及其他辅助设备。冷凝器和蒸发器是最主要的换热器。它们传热效果的好坏直接影响制冷机的自重、尺寸和经济性。

1. 冷凝器

在制冷过程中冷凝器起着输出热量并使制冷剂得以冷凝的作用。从制冷压缩机排出的高压过热蒸气进入冷凝器后，将其在工作过程中吸收的全部热量，其中包括从蒸发器和制冷压缩机中以及在管道内所吸收的热量全都传递给周围介质（水或空气）带走。制冷剂高压过热蒸气重新凝结为液体。过热蒸气在冷凝器中放热而变成液体时，一般可分为三个放热过程：

（1）过热蒸气冷却为干蒸气。过热蒸气进入冷凝器放热的初级阶段，由排气温度下降至冷凝温度（即该压力下的饱和温度），此时，过热蒸气就冷却为干蒸气。

（2）干蒸气冷凝为饱和液体。蒸气在冷凝器内放热冷凝过程中温度不变（仍为冷凝温度）。

（3）饱和液体进一步冷却为过冷液体。在冷凝器末端，蒸气已经全部冷凝为饱和液体，但是由于制冷剂的冷凝温度总是比冷却介质的温度高，饱和液还可以进一步被冷却介质冷却，使其成为温度低于该压力下饱和温度的过冷液体。

经以上三个过程，冷凝器的放热才结束。从以上可见，制冷剂放热的初末阶段其温度是下降的，但在整个放热过程中的压力却是不变的。

根据冷却介质和冷却方式的不同，冷凝器可分为三类：水冷式冷凝器、蒸发式冷凝器和空气冷却式冷凝器。

——水冷式冷凝器。水冷式冷凝器的特点是传热效率高，结构紧凑，故适用于大中型制冷装置中。但采用这种冷凝器需要有冷却水系统，且管壁上结水垢后传热效果会降低，故需要定期清洗。

——蒸发式冷凝器。蒸发式冷凝器是利用水在管外蒸发时吸收热量而使管内制冷剂蒸气冷凝的一种换热器。它耗水量少，适用于缺水地区。但管外结垢后更难清洗，因而应使用水质较好或经过软化处理的水作为补充水。

——空气冷却式冷凝器。空气冷却式冷凝器不需要冷却水，因而使用、安装都比较方便，特别适用于小型制冷装置中。但空气冷却式冷凝器传热系数低，因此体积和自重都比较大，另外翅片表面积灰后会使传热恶化，故需要及时进行清洗。

2. 蒸发器

蒸发器是依靠制冷剂液体的蒸发（沸腾）来吸收被冷却介质热量的换热设备。它在制冷系统中的功能是吸收热量（或称输出冷量）。为了保证蒸发过程能稳定持久地进行，必须不断地用制冷压缩机将蒸发的气体抽走，以保持一定的蒸发压力。同时，蒸发温度的高低取决于其对应的蒸发压力。

蒸发器内绝大部分是湿蒸气区。湿蒸气进入蒸发器时，其蒸气的含量只占10%左右，其余都是液体。随着湿蒸气在蒸发器内流动与吸热，液体逐渐蒸发为蒸气，蒸气含量越来越多，当流至接近蒸发器出口时，一般已成为干蒸气。在这个过程中，其蒸发温度几乎始终保持不变，且与蒸发压力相对应。由于蒸发温度总是比被冷却对象温度低，干蒸气还会继续吸热。当蒸发器内液体全部蒸发成干蒸气时，蒸发器末端的温度将继续上升，成为过热蒸气。因此，蒸发器的出口端总是处于过热蒸气区，若处于湿蒸气区，就有可能使压缩机产生液击。

从以上分析可见，整个蒸发器可分成两个区域，即湿蒸气区与过热蒸气区，但过热蒸气区占蒸发器的极小部分。

根据冷却介质种类的不同，蒸发器可分为两大类：冷却液体型蒸发器和冷却空气型蒸发器。

1.6.3 节流元件

在蒸气压缩式制冷系统中，除了制冷压缩机和各种换热设备外，还需专门的膨胀机构，使制冷剂节流后降低温度和压力。低温、低压的制冷剂在蒸发器中汽化、吸收汽化潜热，进行制冷。

节流元件位于冷凝器之后，从冷凝器出来的高压制冷剂液体流经膨胀机构后，压力降低，然后进入蒸发器中。膨胀机构除了起节流作用以外，还起调节进入蒸发器制冷剂流量的作用。通过节流元件的调节，使制冷剂离开蒸发器时有一定的过热度，保证制冷剂液体不会进入压缩机。

节流元件的种类很多，根据它们的应用范围，可分为以下五大类型：

手动膨胀阀——用于工业用的制冷装置。

热力膨胀阀——用于工业、商业和空气调节装置。

电子膨胀阀——用途与热力膨胀阀相同。

毛细管——用于家用制冷装置。

浮球调节阀——用于工业、商业和生活用制冷装置。

1. 热力膨胀阀

在轨道车辆制冷装置中一般采用热力膨胀阀。

在制冷系统中，能够按一定需要向蒸发器中供应液体制冷剂的设备，总称为流量控制设备。流量控制设备是制冷系统中的一个重要部分，它应当保证向蒸发器送入充足的液体制冷剂，使蒸发器的冷却盘管内全部为液体制冷剂所浸润，以充分发挥蒸发器的制冷效能。同时还应保证在蒸发器出口处的制冷剂能全部汽化，而不致因送入过量的液体制冷剂造成部分液体制冷剂来不及蒸发而随回气进入压缩机，发生“液击”致使阀和密封元件损坏。

自动调节流量的设备很多，对蒸发器供液量的自动调节通常用热力膨胀阀。

热力膨胀阀又称自动膨胀阀，它除了利用蒸发器出口处制冷剂蒸汽的过热度来调节制冷剂流量外，还对高压液体制冷剂起节流降压作用，使制冷剂一出阀孔就沸腾膨胀为湿蒸汽，故也称节流阀。

2. 毛细管

毛细管一般被用于小型氟利昂制冷装置。制冷时，毛细管将从冷凝器出来的高压液态制冷剂，通过节流膨胀使其成为低压的液态制冷剂，再进入蒸发器。

毛细管由紫铜管制成，长度为 1 ~ 6 m，内径为 0.5 ~ 2 mm。通过长度和管径的多种组合可使其满足不同的工况和不同制冷量的制冷剂装置要求，但毛细管被选定和安装后，便不能随负荷变化而变化，为使制冷装置在绝大多数时间下高效率运转，选择具有代表性的设计工况是极其重要的。

1.6.4 城轨车辆空调系统

1. 空调系统供电方式

空调系统正常工作时的主工作电源是由动车的辅助逆变器提供的，控制系统的控制电源是由 A 车的蓄电池提供的。B 车的辅助逆变器负责一个单元车辆的各一台空调机组供电，另一半空调机组则由 C 车的辅助逆变器负责供电，这样就保证当 B 车或 C 车的辅助逆变器故障时，每一节车辆至少有一台空调机组能正常工作。

2. 制冷循环控制

空调机组均由一只基于微处理器的温度控制器来控制。在任何时候，温度控制器都向空调机组发出指令，以使客室内维持所需的温度。另外，控制器还含有控制和保护组成空调系统全部元件所需的自动装置。

控制器通过数字输入（输出）和 MVB 连接到列车的信息系统，以向信息系统报告故障、启动要求，启动授权和自测结果。

为了实现所有的控制，空调系统包含有许多的传感器：

一旦控制器接收到电源、接通输入信号出现，空调机组就会启动，且以自动模式运行。蒸发器风扇马达与电子控制器相连接，当信号“压缩机启动”发出时，蒸发器风扇马达就会启动，以使客室里的温度保持在设定点温度。

使用温度选择器开关，可以把温度设定点设定为 19℃，21℃，23℃，25℃，27℃。也可以通过 UIC 设定点曲线来自动设定温度点，其设定方法如下（见图 1—69）：

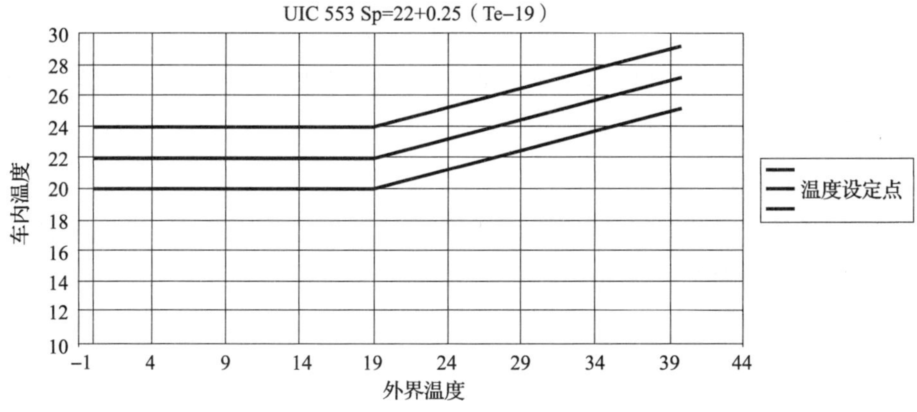

图 1—69 根据 UIC 设定点

在自动设定温度设定点时，设定的温度值可根据外部温度自动调整。

使用探测客室温度（T_i）和外部温度（T_e）的传感器。

控制器应根据外部温度自动计算设定温度值（T_{ic}），然后比较 T_i 和 T_{ic} 以实现相应的工作状态，如通风、半制冷、全制冷和预制冷（如设计时有）。

设定温度根据以下公式计算：

$$T_{ic}=22℃\ （如果\ T_e<19℃）$$

$$T_{ic}=22℃+0.25℃\ （T_e-19℃）（如果\ T_e\geqslant 19℃）$$

同时，控制器可根据温度设定点和室内温度的不同而采取不同的工作模式（见图1—70）。

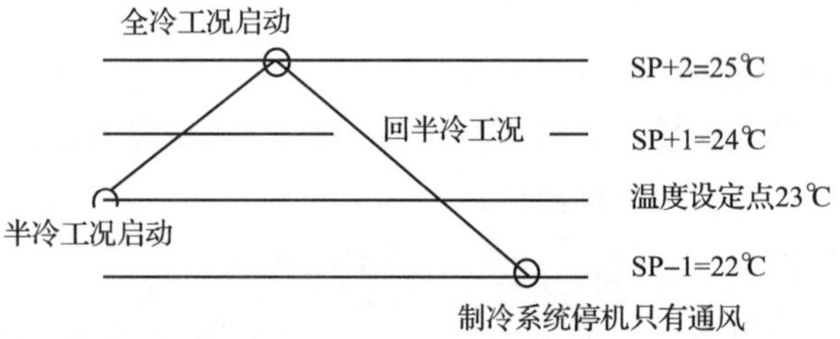

图 1—70　不同工作模式

例如：如果客室内温度设定点是 23℃。

如果客室内温度高于 23℃时，机组按半冷工况进行启动。

如果客室内温度高达 25℃时，机组按全冷工况进行启动。

如果客室内温度低于 24℃时，机组又回到半冷工况工作。

如果客室内温度低于 22℃时，机组停止制冷，这时仅有通风。

为了获得上述要求，控制器会协调空调器的各种元件（压缩机、马达等）的操作，以使得空调的调节量符合车厢的要求。

3．加热循环控制

目前我国轨道交通列车空调冬季取暖仍然以电加热器取暖为主，电加热器一般设置在空调装置内部和客室车厢内。电加热器取暖方式操作简单、基本满足客车取暖的要求。但是，由于现在能源状况趋于紧张，对于冬季取暖仍然以电加热器取暖为主的轨道交通列车而言，就显得有些浪费能源。

利用热泵原理制热是一种节能的取暖方式。热泵型空调机组制热时的能效比较大，即制热量与耗电量的比值较大，一般可达 2.5 以上，如当耗电功率为 600 W 时，室内获得的热量可以在1 500 W以上，因此可以省电。但当室外环境温度较低时，热泵型空调机组制热效率会明显降低。当环境温度为7℃时，制热能力计为100%；当环境温度为0℃时，制热能力降为82%，因此热泵型空调机组一般运行在5～43℃，如果有自动融霜功能，则可以在－5～43℃运行。

而电热型空调机组制热时能耗比相对较大，其单位制热量所消耗的电能比约为1，即用2 000 W功率的加热器，制热量最大值为2 000 W，因此不经济。但电加热型空调机组应用一般不受地区限制，特别适用于冬季环境温度很低（低于－5℃），用热泵取暖无法满足要求的情况。

车辆空气加热系统控制由空气预热和客室加热两种方式组成。

4. 紧急通风控制

每节车还设有一台应急逆变器，用于在辅助逆变器不能正常工作时，将列车蓄电池输出的直流电源逆变成三相交流电，供应急通风使用。

上海地铁A型电动列车的蓄电池能满足至少45 min的应急通风需要，C型电动列车的蓄电池能满足至少30 min的应急通风需要。

技能要求

电动列车客室空调故障的排除

操作要求

1. 学会检查列车空调状态的方法，判断故障空调的位置。
2. 掌握空调控制软件的使用方法。
3. 学会读取、存储及删除空调控制单元内的故障信息。
4. 作业结束后，整理工具、器具清场。
5. 所有作业须严格按照实训安全规范操作。

操作步骤

西门子车型

步骤1　使用空调控制软件读取空调故障（见图1—71至图1—73）。

步骤2　根据故障提示，检查电气箱内通风电动机供电回路。

步骤3　发现回路中的某个接触器断开。

步骤4　整理工具清场，操作完成。

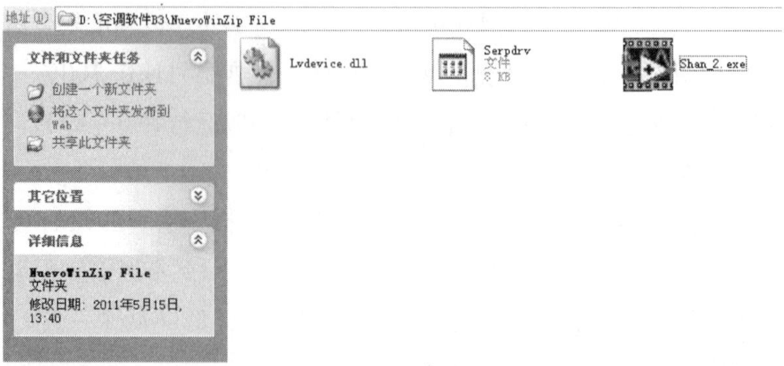

图 1—71　空调控制软件图标

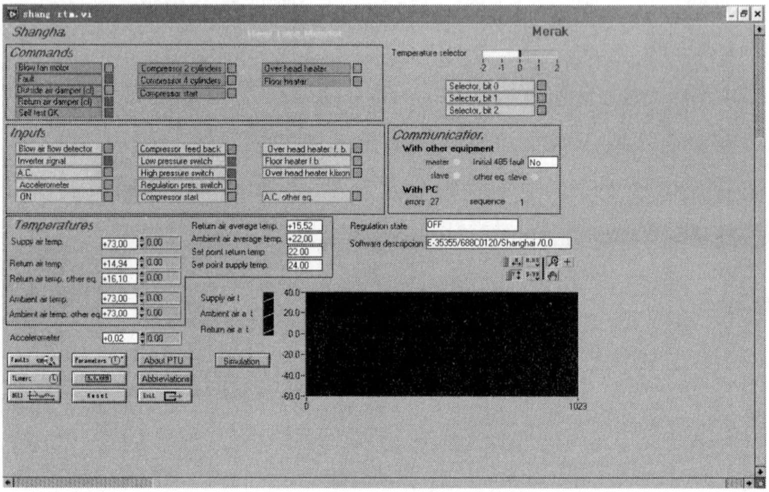

图 1—72　空调控制软件界面

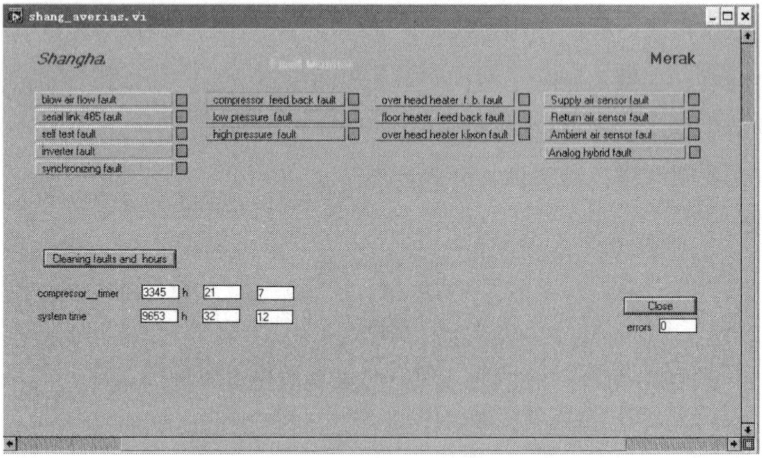

图 1—73　空调控制软件读取的数据

第2章

电动列车牵引系统

城市轨道交通牵引系统即车辆主回路，是将“电力传动车辆”产生牵引力和制动力的各种电器、电机、电子设备连成一个电系统，实现电动车辆的功率传输，它是电动列车最重要的组成部分之一。主回路应满足车辆启动、调速和制动三种基本工作状态的要求，它是车辆传动系统必须达到的基本任务。其中，调速更是三种运行工况的共同基础。车辆牵引时需根据不同的运行条件来调节车辆的速度，为了充分发挥车辆的功率，就要求车辆能在不同的线路和荷载条件下改变牵引力，因此，车辆主回路必须保证牵引电动机的转矩和转速都可进行调节，且有宽广的调节范围。

2.1　牵引设备

学习目标

完成本节的学习后，您能够：

1. 了解电动列车牵引系统的基本构成
2. 掌握电动列车牵引系统主要部件设备的作用和组成
3. 掌握电动列车牵引系统主要部件设备的技术参数
4. 能够对牵引设备进行检修和处理较难故障

知识要求

2. 1. 1 受流器

1. 受电弓各部件功能

受电弓（pantograph）也称集电弓，有人还称之为输电架，是让电气化铁路车辆从高架电缆取得电力的设备的统称。受电弓一般可分为单臂弓和双臂弓两种，均由集电头、上框架、下臂杆（双臂弓用下框架）、底架、升弓弹簧、传动气缸、支持绝缘子等部件组成。

单臂受电弓由受电滑板、活动构架和带传动机构的底架组成，如图 2—1 所示。各组成部分的作用见表 2—1。

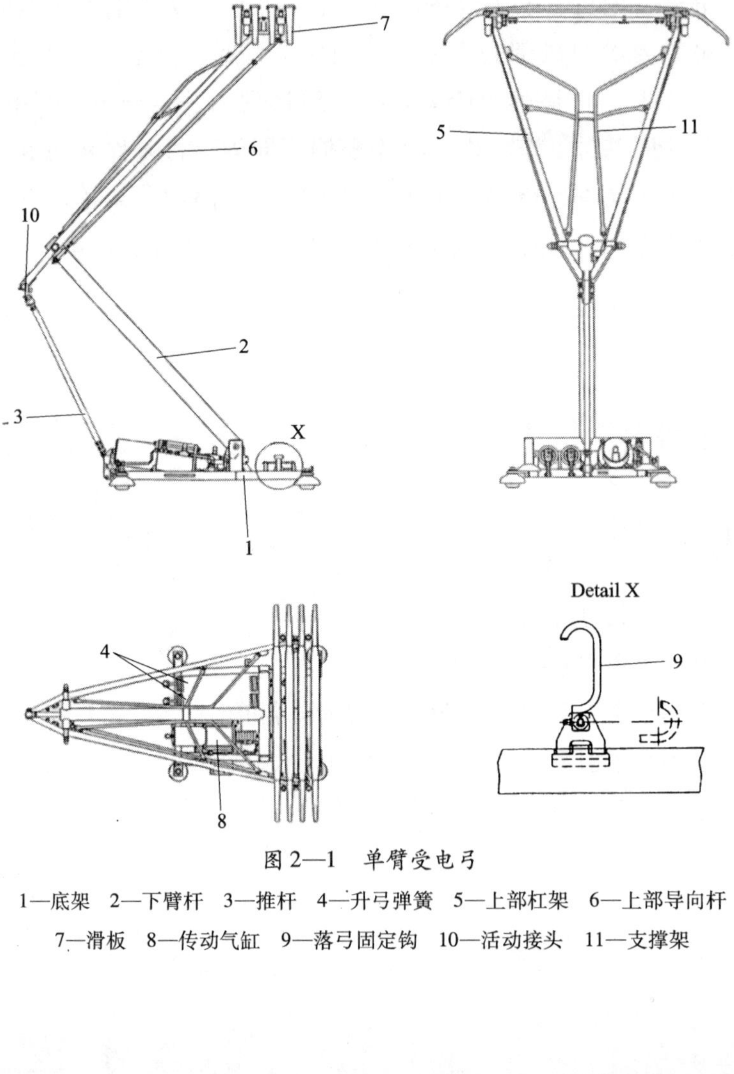

图 2—1 单臂受电弓

1—底架 2—下臂杆 3—推杆 4—升弓弹簧 5—上部杠架 6—上部导向杆
7—滑板 8—传动气缸 9—落弓固定钩 10—活动接头 11—支撑架

表2—1　　受流器组成部分的作用

组成部分	作用
受电滑板	接受接触网的电能，并能自动地调整与接触导线的位置。接触滑板应便于更换
活动构架	保证受电器经常处于工作高度内，使滑板对接触导线保持一定的压力，不脱弓，也不刮弓
带传动机构的底架	供受电器安装和升降传动之用

底架通过四个安装在车顶上的支持绝缘子，起到电气隔离和机械支撑作用。集电头上安装四根滑板，滑板两端的弓角可防止在接触网分叉处接触导线进入滑板底下造成刮弓事故。弓头是受电弓与架空导线接触的部分，它主要由滑板（碳条）、转轴、弓角、弹簧盒组成。上部导向杆可调节弓头接触面的位置。

（1）底架。底架是严密焊接的，用方形管子、型钢和冷成形钢板制成。底架包含有用于低位支杆的支撑底座、用于低位导杆的支撑空隙、用于气路装置的附件以及缓冲支撑和用于手动锁扣的附属板。

安装于底架上的电气连接端及避雷器阴极座上均镀铜。

（2）绝缘子。底架安装在四个可用于3 000 V触网电压的支撑绝缘子上。这种绝缘子由加玻璃纤维的聚酯制成，它们两端配有镀锌钢制成的M20压入式螺母用于底架和车顶之间的固定。

（3）骨架。骨架是一种铰接的多边形，当集电头移动时沿稍微弯曲的垂直线运行。

（4）低位支杆。低位支杆由若干无缝冷拉精制钢管焊接而成，承受低位支杆轴和中央铰接点的轴承。底部轴承由密封摆式滚珠轴承组成，中央铰接点轴承由密封滚针轴承组成。

在低位支杆轴上焊有下列部件：

1）用于主拉伸弹簧的拉杆。

2）用于跨接线的连接板。

3）用于上部导杆的支撑板。

4）用于气缸固定的金属板。

（5）低位导杆。低位导杆用来操纵多边形。该导杆由精制钢管制成。导杆长度能通过旋转芯轴到左边或右边微调。通过调整低位导杆的长度，把低位支杆调到最低位（静止位）。

（6）高度止挡。高度止挡（最大升弓高度）位于低位导杆的上端，在中间部分。

（7）上部支杆。上部支杆由密焊成锥形的方形钢管，止挡板，铰接点和钢制连接板组成。

（8）斜杆。斜杆使上部支杆具有高度横向稳定性，由精制钢管构成并安装在上部支杆上。

（9）上部导杆。上部导杆控制集电头。由精制钢管制成。其长度能通过旋转芯轴到左边或右边微调。

（10）集电头。集电头是直接和触网接触的部件。和支杆构件比较，它的自重应尽量降低。

抖动板由带有轻金属尾角的四根碳制滑块构成，它是由螺栓固定在抖动板支座上的。

抖动板由四个带有螺旋压缩弹簧的弹簧盒支撑。压缩弹簧变形 30 mm 处有一止挡以防止弹簧压力过载。

均衡部件能够补偿小的角度变化，这样抖动板能在它的行程中跟随触网。

集电头通过集电头横管连接到上部支杆并能通过深沟滚珠轴承旋转运动。

集电头的控制通过橡皮弹簧的固定导向装置和上部导杆实现联运。

滑块——每根滑块包括一根人工石墨碳制成的接触条和轻金属制成的接触条支座。碳条和支座粘合在一起。

（11）主拉伸弹簧。两只并联的拉伸弹簧操纵低位支杆轴的控制杆。弹簧悬置杆的有效长度通过在铰链部件上的可调螺栓变更，这样在整个工作范围内得到恒定的接触压力。

（12）气动升弓装置。带有反向弹簧的弹簧压力制动缸安装在底架上，通过活塞杆和低位支杆轴上的控制杆操纵。

（13）手动锁钩。锁钩用螺栓装在底架上，当受电弓在最低位时能锁住。

2. 受电弓的受流性能

受电弓的受流性能在很大程度上取决于接触压力。在静止状态下，接触压力与受电弓高度之间的关系称为受电弓的静特性。车辆实际运行时，受电弓随着架空接触导线高度的变化而上下运动。因此，接触压力不但与受电弓的静特性有关，而且与受电弓上下运动时的惯性力即受电弓的动特性也有关。

（1）静特性。它是指受电弓滑板对导线的接触压力与滑板距底架高度的关系。静态接触压力值为 120 N，调整范围为 100 ~ 140 N。

（2）动特性。受电弓受流的稳定性，不仅取决于受电弓的静特性，也取决于它的动特性。动特性取决于受电弓在垂直方向上的加速度及它的活动部分的质量，即上下运动时的惯性力。加速度是由于接触导线高度的突然变化所引起的。为了改善动特性，应尽量减少受电弓本身活动部分的自重。

此外，受电弓结构各关节的摩擦力对接触压力也有影响。

2.1.2 高速断路器

1. 高速断路器各部件功能

UR6－32TDS 高速断路器具有高断流容量、对地绝缘性能好、受环境气候影响小、结构紧凑、密封性好、体积较小、寿命长、易维修等优点。

UR6－32TDS 型高速断路器主要由以下六个部件组成：基架、主电路（线排）、脱扣装置、闭合装置、辅助触头和灭弧罩（见图 2—2）。

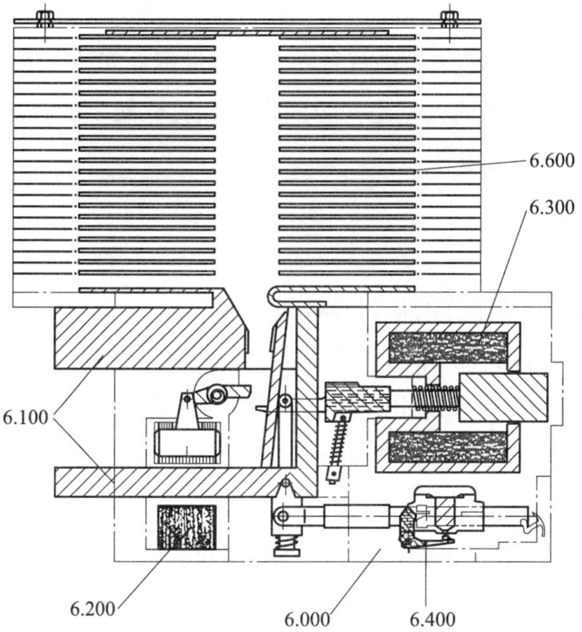

图 2—2 UR6 31/32 型高速断路器基本组成

6. 000—基架 6. 100—主电路（线排） 6. 200—脱扣装置（RS）
6. 300—闭合装置 6. 400—辅助触头 6. 600—灭弧罩

线路断路器包括五组子配件，功能不同并设计为单独的安装单元。

（1）主电路（6. 100）。主电路被装在一个硬的玻璃纤维加固的聚酯做的绝缘底座上，包括一个带动触头的下部连接杆和一个带定触头的上部连接件。主电路的吸合是由吸合装置控制：叉头推动触头贴着上部连接件。

（2）脱扣装置（6. 200）。脱扣装置被加工成圆形并装在下部连接件的周围。这套装置包括一套包在框架上的板，并由它们可调的压力用来调节这套装置达到要求的反应临界值（Ids）。

（3）闭合装置（6.300）。闭合装置由一个包括闭合线圈的磁路组成。

1）磁路包括一个固定单元。它包括圆筒、前部挡板和后部挡板。活动部分包括推杆、接触压力弹簧和带动叉头的连杆，它们带动动触头。

2）线圈装置和磁路被装在一个壳体内，并由盖板密封。

（4）辅助触头（6.400）。辅助触头包括六副安装在辅助盒中的双触头开关。这些开关由连杆带动并由动触头通过导向装置控制。导向装置包括中心套，叉头和销子。

（5）灭弧罩（6.600）。灭弧罩由一组抗电弧的绝缘板—脱离子剂—金属板—导流片组成。上述各组板通过一块顶板进行封固，并通过螺杆安装在灭弧板上。

（6）火室。线路断路器的火室是一个固定在金属框架上的自熄绝缘材料制成的外壳。外壳的设计满足下述要求：

1）断路器整个绝缘。

2）小尺寸。

3）内部允许的断路器工作的最佳容量和。

4）考虑到排除冷凝潮气的防水和防灰尘的外壳。

（7）基架（6.000）。基架采用坚固的玻璃纤维聚脂材料，绝缘性能好。闭合装置包括磁铁、线圈、圆筒、连接杆、压簧、前极、后极、拨叉等组成。

2. 高速断路器的性能要求

UR6 是一种单极直流线路断路器，双向电磁控制和自然通风。过电流（短路等）后较短的反应时间意味着它必然适合直流装置的保护。这种线路断路器被设计用于检测到过电流后的快速反应，在拉弧时以紧密的恒定过电压立刻消除电弧。具备如下性能要求：

（1）对地高绝缘等级。

（2）高分断能力。

（3）对气候条件不敏感。

（4）使用寿命长。

（5）容易维修。

（6）体积小。

2.1.3 逆变器（VVVF 系统）

1. 供电系统的组成和功能

供电系统由一个线路接触器，两个预充电电阻，一个预充电接触器和一个线路电感组成，如图 2—3 所示。

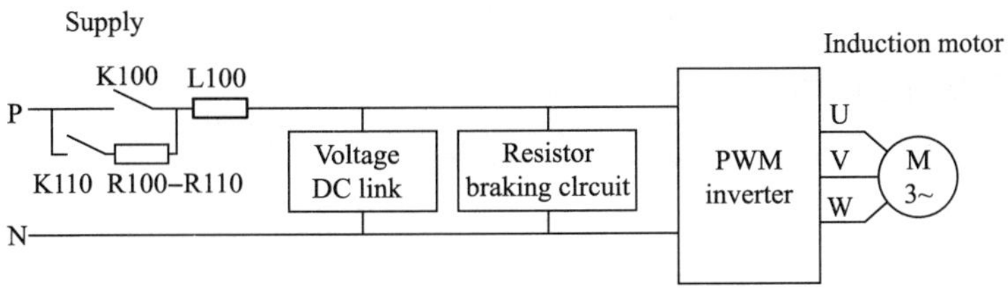

图 2—3 供电系统示意图

当接通直流 1 500 V 电源后，系统首先通过预充电接触器和预充电电阻为直流连接电路中的线路电容进行充电。由于预充电电阻的作用，这时充电电流非常小，电容两端的电压上升得比较缓慢。

2. 直流连接电路的组成和功能

直流连接电路中由两个电容，一个放电电阻和短路晶闸管组成。直流连接电路示意图如图 2—4 所示。

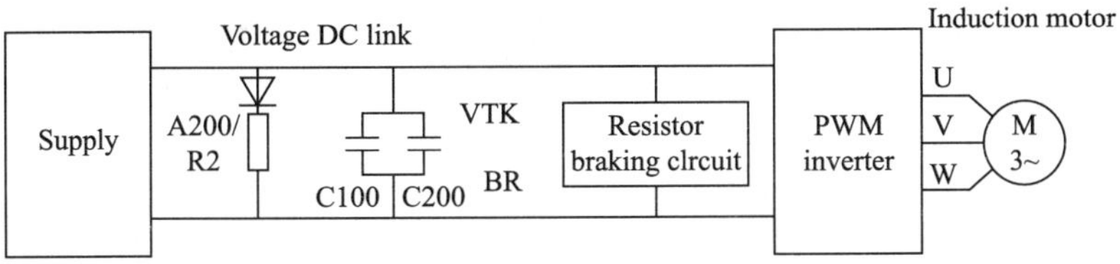

图 2—4 直流连接电路示意图

直流连接电路中的电容能稳定电压，吸收交流分量，并和线路电抗器组成线路滤波器。

3. 电阻制动电路的组成和功能

电阻制动电路由制动控制模块及制动电阻组成。电阻制动电路示意图如图 2—5 所示。

电制动可以分为再生制动和电阻制动，如果线网不再能吸收能量（线网电压已达上限值，线路上没有后续列车消耗能量），制动电阻电路受制动控制模块的控制，制动能量将被转换成热能消耗在制动电阻上。

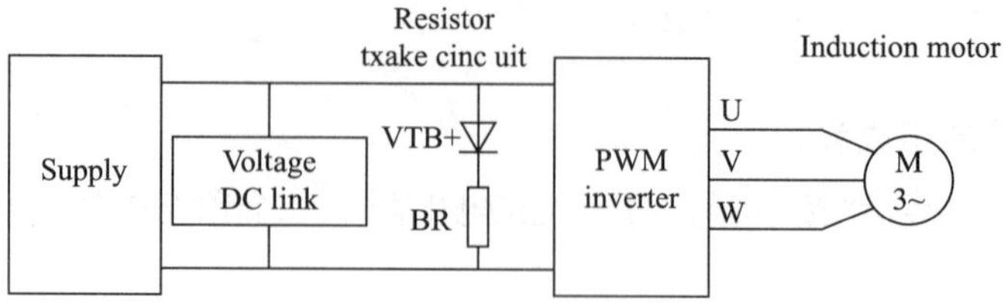

图 2—5　电阻制动电路

4．逆变电路的组成和功能

逆变电路示意图如图 2—6 所示。

脉宽调制型逆变器由三个相模块组成。逆变器逐相导通，在输出端形成三相交流输出，供给牵引电动机。逆变器输出电压的频率及幅值是可以调节的。相电压最大的幅值取决于中间电路电压。输出电压的幅值可以通过调节开关时钟的宽度来控制。输出电压的频率与逆变器输出频率是一致的。

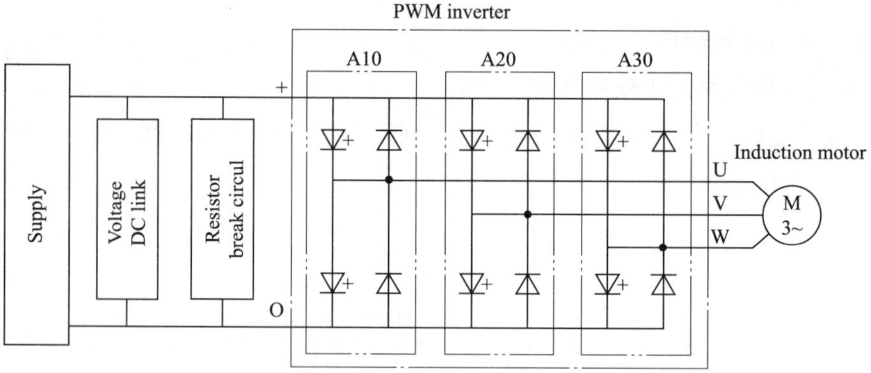

图 2—6　逆变电路

5．逆变器的故障监测与保护

（1）和控制无关的保护装置。下列保护装置在牵引箱中被提供，独立于牵引控制单元：

1）当电压突变或短路时线路电流的上升率用整个线路电抗器限制。

2）线路滤波器平滑瞬间线网过压（线路电抗器和直流连接电容）。

3）PWM 逆变器的过压保护用一块一体化的保护触发模块。该保护触发模块在大于 2 390 V 电压时触发。

4）完整的放电电阻确保直流连接电容器在线路接触器和预充电接触器打开时始终

放电。

5）每扇维修盖都通过两个机械插销接地。

（2）和控制相关的保护装置。下列重要保护功能由牵引控制单元启动（对另外的部件监控功能和操作状态参见 SIBAS 简要说明）。

1）电压监控。在中间连接回路的电压有两个可用的阶段来保护转换器过压。

——中间回路电压 >2 100 V。

制动控制器被触发并限制电压。

——中间回路电压 >2 200 V。

当达到 2 200 V 时，所有 PWM 逆变器触发脉冲被禁止。牵引控制单元触发保护触发模块并断开主线路接触器（主线路接触器打开）。此时 PWM 逆变器和线网隔离且中间回路被放电。

2）电流监控。处理闭环电流控制器，牵引控制单元包含有一块模块，它提供三阶段过流保护，与软件无关。

——对流经 GTO 晶闸管电流的第一个限制值。如果 GTO 晶闸管的电流达到第一个限制值，它的触发脉冲被禁止。如果电流下降到一个低一级的限制值，GTO 晶闸管立即再次开通。

——对流经 GTO 晶闸管电流的第二个限制值。如果 GTO 晶闸管的电流达到第二个限制值，GTO 晶闸管被关断，整个 PWM 逆变器的触发脉冲被禁止。如果电流下降到低一级的限制值，PWM 逆变器脉冲再次触发。

——对流经 GTO 晶闸管电流的第三个限制值。如果电流下降超过第三个限制值，整个 PWM 逆变器被切除且线路接触器被分断。

3）温度监控。PT100 温度传感器用于监控温度。牵引控制单元对被测值和设定限制值进行比较，如果达到，则作如表 2—2 所述反应：

表 2—2　　牵引控制单元过温反应表

温度测量设备位置	过温反应
相模块 A10，A20，A30	第一阶段：系统输出减少
	第二阶段：PWM 逆变器被禁止，在达到允许温度后，逆变器被再次启动
制动控制模块	制动控制模块被禁止，在达到允许温度后，它被再次启动
电阻单元	PWM 逆变器被禁止，在达到允许温度后，逆变器被再次启动

4）牵引箱中设备风扇的监控。牵引控制单元（A100）检查下列数据以确认设备风扇是否有故障：

——设备风扇的电源电压是否准备好？

——空气进口处 PT100（F200）和电阻单元（A200）连续放电装置的 PT100 的温度是否在允许范围内？

如果风扇故障被确认，牵引控制单元封锁 PWM 逆变器。

（3）方框图

1）相模块 A10—A30。相模块属于 PWM 逆变器。它们包括功率半导体（GTO 晶闸管），以及它的吸收和门控回路。它们的任务是将直流中间回路的直流电压变换成三相交流电压。

2）制动控制模块 A40。制动控制模块包括功率半导体（GTO 晶闸管），以及它的吸收和门控回路。

制动控制模块有控制直流中间回路制动电阻的功能。当列车电制动时使用电阻（如果线网不能吸收能量），制动能量被转换成热能。

3）保护触发模块 A50。保护触发模块在直流中间回路过压时起保护 PWM 逆变器的作用。如果直流中间回路电压达到规定的门槛值，保护触发模块的断路晶闸管被触发，释放的能量通过制动电阻片耗散（制动电阻的分接头），流过短路分支的电流通过电流传感器测得并送到牵引控制单元。

4）牵引控制单元 A100。用于监控和控制 PWM 逆变器，实现牵引和电制动力的输出和调节。

5）门控单元的供电单元 A130。门控单元的供电单元用于为几个门控单元（GTO 门控回路）供电。在输入端，该单元和车载蓄电池连接。

6）电阻单元 A200。电阻单元包括连续放电电阻和吸收电阻。基于安全考虑，连续放电电阻有确保直流中间电容始终放电的功能，当线网被切除或断开，或者线路接触器和预充电接触器断开，1 min 后电容电压降到 50 V 以下。吸收电阻是相模块和制动控制模块功率半导体（GTO 晶闸管）吸收回路的一部分。

7）直流中间电容 C100，C200。该电容是直流中间回路的能量储存装置。它们吸收大部分在直流中间回路出现的由 GTO 晶闸管时钟引起的交流分量，并和线路电抗器一起形成线路滤波器。

8）设备风扇 E100。设备风扇作为基本装配，为相模块和制动控制模块的冷却风道，直流中间电容，线路电抗器和电阻单元提供冷却空气。

9）PT100 电阻 F200。电阻的温度传感器 PT100 测量进风口的温度。

10）线路接触器 K100。线路接触器隔离牵引转换器和电源或接通电源。

11）预充电接触器 K110。预充电接触器通过预充电电阻接通直流中间电容和线网。直流中间电容被充电。如果直流中间回路电压达到线网电压的 90%，线路接触器被接通并且预充电接触器被关断。

12）线路电抗器 L100。线路电抗器和直流中间电容一起隔离由反馈过程而产生的交流分量对供电网的干扰。另外，如果供电网或 PWM 逆变器产生短路电流，线路电抗器将限制短路电流，和直流中间电容一起形成线路滤波器。

13）基本装配 L110—L140。基本装配是电感（电抗器），由单独的圈状铁心构成，作用是当 GTO 晶闸管变化方向时限制电流上升率。

14）缓冲电感 L160。缓冲电感是由单独电缆构成的电感，作用是当直流中间回路发生短路时限制 GTO 晶闸管的浪涌电流。

15）预充电电阻 R100，R110。预充电电阻缓冲直流中间电容的充电过程，它限制充电电流和防止电压突变。

16）接地电阻 R140。在 *N* 端电缆和转向架接地刷之间错误连接的情况下，接地电阻有连接箱体和定义电位（地）的作用。

17）匹配电阻 R150。匹配电阻是作为保护模块（BOD）的吸收电阻。

18）电动机电压传感器 T100，T110。电动机电压传感器是带隔离的传输型电压传感器，它检测 PWM 逆变器输出端与相之间的交流电压。

19）线路电流传感器 U100。线路电流传感器检测 PWM 逆变器的输入电流，它是电绝缘，灵敏电流传感器，能检测直流电流。

20）用于接地故障检测的线路电流传感器 U110。线路电流传感器检测 PWM 逆变器的输入电流，它是电绝缘，灵敏电流传感器，能检测直流电流。

21）电动机电流传感器 U120—U140。它是作为电动机的电流传感器，为了校正直流部分的输出电流。

22）线路电压传感器 U150。线路电压传感器检测 PWM 逆变器的输入电压。它是电绝缘的灵敏传感器，能检测直流电压。

23）直流中间回路电压传感器 U160。直流中间回路电压传感器检测直流连接电路电压，它是电绝缘的灵敏传感器，能检测直流电压。

24）TCU 滤波器 Z100。TCU 滤波器被用于直流 110 V 蓄电池电压的 AMC 滤波器。

25）110 V 直流线路滤波器 Z110。110 V 直流线路滤波器被用于直流 110 V 蓄电池电压的 AMC 滤波器。

2.1.4 牵引电动机

1. 交流牵引电动机的特点

上海地铁 AC01/02 型列车采用的是三相交流异步牵引电动机。异步电动机是基于气隙旋转磁场与转子绕组中感应电流相互作用产生电磁场转矩，从而实现能量转换的一种交流电动机，主要作为电动机使用。

它与直流牵引电动机相比，最大的优点是结构简单。由于没有直流牵引电动机的换向器和刷握等一套装置，因此工作稳定可靠，维修工作量大大减少。由于电力电子元件和控制技术的发展，对于轨道交通电力传动车辆的调速性能，交流电动机已达到和超过直流电动机，现已广泛用于地铁及其他城市轨道交通车辆。

它与同步电动机不同，其转速和同步转速间存在一定差异（即所谓异步），这是它产生转矩的必要条件。由于转子绕组电流是感应产生的，所以异步电动机也称感应电动机。

2. 交流牵引电动机的组成

上海地铁 AC01/02 型列车交流牵引电动机结构如图 2—7 所示。

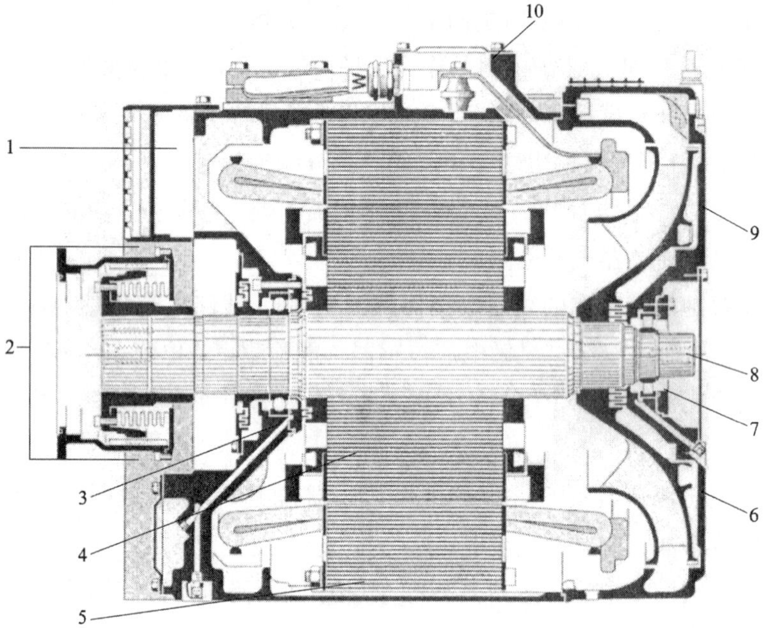

图 2—7　交流牵引电动机结构图

1—排气扇　2—联接器　3—D 端轴承　4—转子　5—定子
6—端盖　7—N 端轴承　8—轴　9—风扇　10—连接电缆盒

异步电动机主要由两部分组成，固定部分称为定子，旋转部分称为转子。定子和转子之间有一很小的间隙称为气隙。定子的两端还有端盖。

（1）异步电动机的定子。异步电动机的定子由定子铁心、定子绕组和机座三部分构成。定子与机座剖面如图2—8所示。

1）定子铁心的作用是作为电动机中磁路的一部分和放置定子绕组。为了减少旋转磁场在铁心中引起的损耗，铁心一般用导磁性好的电工硅钢片叠成。

2）在定子铁心内圆冲出许多形状相同的槽，用于嵌放定子绕组。定子绕组是电动机的电路部分，主要作用是产生感应电势，通过电流以实现机电能量的转换。

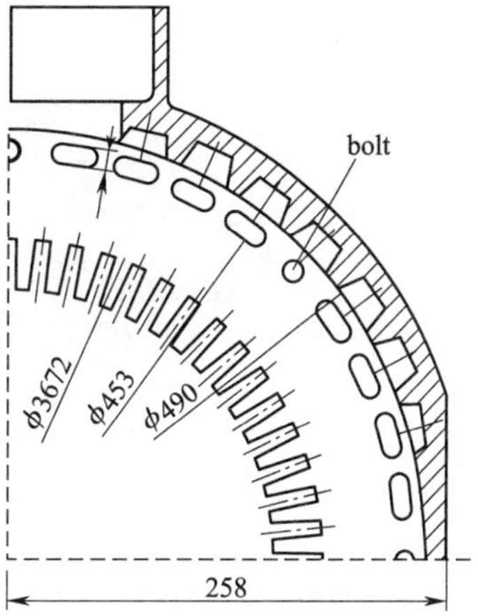

图2—8　定子与机座剖面

3）机座的作用主要是固定和支撑定子铁心，要求有足够的机械强度和刚度。

定子、机座、端盖外观如图2—9所示。

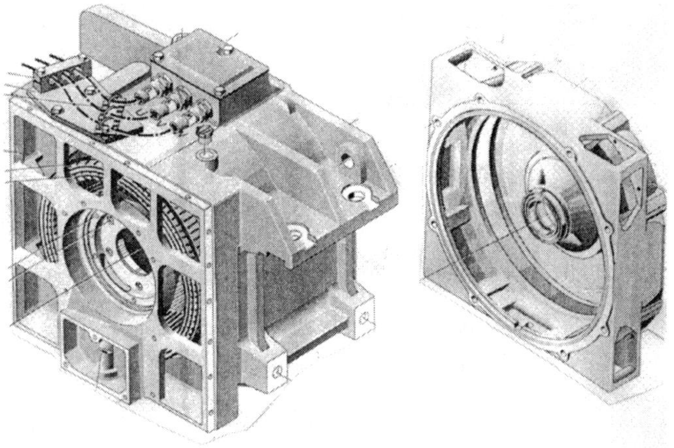

图2—9　定子与端盖

（2）电动机的转子。异步电动机的转子由转子铁心、转子绕组和转轴等组成。转子与风扇外观如图2—10所示。

1）转子铁心也是作为电动机中磁路的一部分，一般也由硅钢片叠成。

2）铁心安装在转轴上。转子铁心上开有槽，以供放置或浇注转子绕组之用。转子绕组的作用是感应电势，流过电流和产生电磁转矩，其结构有笼型和线绕式两种。

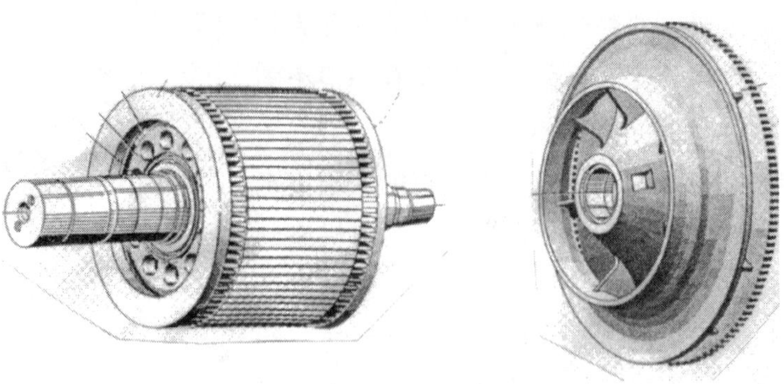

图 2—10　转子与风扇

3）异步电动机的转子绕组不必由外界电源供电，可以自行闭合而构成短路绕组，工艺简单。每个转子槽中插入一根导条，在伸出铁心两端的槽口处，用两个端环分别把所有导条连接起来。如果去掉铁心，整个绕组外形就像是一个“鼠笼”，所以称为笼型转子。

（3）异步电动机的气隙。和其他电动机一样，异步电动机的定子和转子之间必须有一气隙。异步电动机的特点在于它的气隙很小。气隙的大小对异步电动机性能有很大的影响。一方面，为了降低电动机的空载电流和提高电动机的功率因数，气隙应尽可能的小；而另一方面，为了装配方便和运行可靠，以及削弱磁场脉振所引起的附加损耗等，气隙稍大是有利的。

3．交流牵引电动机的工作原理

转子绕组分别在定子绕组和转子绕组中产生电动势。转子电动势在自我闭合回路的转子绕组中产生电流。转子电流与气隙中基波磁场相互作用产生电子转矩，使转子拖动机械负载旋转。电动机能量的传递是以气隙磁场为媒介的，在能量传递过程中将会产生各种损耗。转子绕组和气隙磁场之间的相对运动是异步电动机产生转矩进行能量转换的必要条件，故转子转速不可能达到基波磁场转速（即同步转速）。

异步电动机的定子三相绕组通以三相交流电流时，在气隙中产生旋转磁场。旋转磁场切割定子绕组和转子绕组磁动势除在气隙中产生起主要作用的基波磁场（主磁场）外，还在绕组槽部和端部产生漏磁场，在气隙中产生高次谐波磁场。与这些漏磁场和谐波磁场相对应的漏电抗和绕组电阻与电动机运行和启动性能密切相关。气隙中高次谐波磁场在一定条件下将产生附加转矩，影响电动机的转矩特性，还可能引起电磁噪声和振动。

那么，旋转磁场是怎样产生的？

在三相对称绕组中（三相绕组在空间位置上互差 120°电角度）流过对称的三相电

流（三个相的电流振幅、频率相同，相位上互差120°电角度）就会产生旋转磁场。

以两极异步电动机为例：三相定子绕组由U1—U2、V1—V2、W1—W2三个线圈组成，它们在空间上互差120°电角度。当定子三相线圈接至三相电源后，定子绕组中就有如图2—11所示的对称三相电流流过，即：

$$i_U = I_m \cos\omega t \qquad i_V = I_m \cos(\omega t - 120°) \qquad i_W = I_m \cos(\omega t - 240°)$$

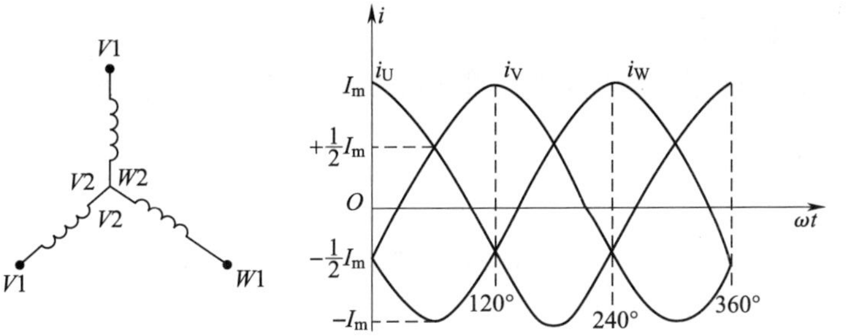

图2—11　对称三相电流

假定电流为正时，电流从每相线圈的始端流入，从每相线圈的尾端流出；电流为负时，方向则相反，电流从线圈的尾端流入，从线圈的始端流出。

由图2—11可见，当$\omega t = 0$时，$i_A = I_m$，电流从A流入，以⊕表示；而从X流出，以⊙表示。如$i_B = i_C = -\frac{1}{2}I_m$都是负的，电流从$Y$及$Z$流入，而从$B$及$C$流出。根据右手螺旋定则可知，此时三相线圈中电流产生的磁场轴线方向从左向右。同样的方法可以画出$\omega t = 120°$、$\omega t = 240°$、$\omega t = 360°$时的电流及磁通的方向，如图2—12所示。

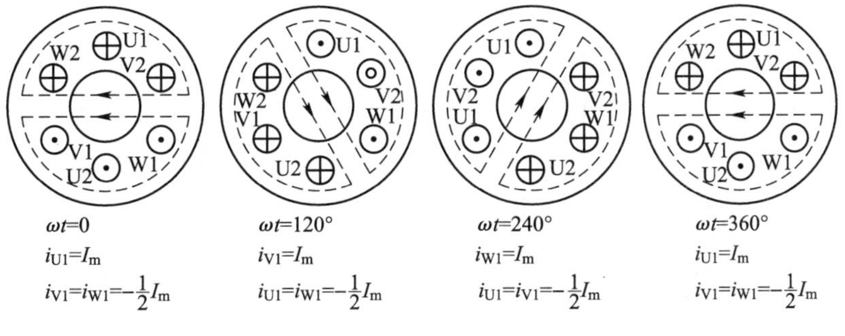

图2—12　交流电动机电流及磁通的方向

由图 2—12 可见，当电流变化了一个周期，旋转磁场在空间正好也转了一周，即 360°。

以上是只有一对磁极（$p=1$）时旋转磁场，用同样的分析方法，可知当两对磁极（$p=2$）时，旋转磁场的旋转速度比一对磁极的情况慢了一半。

如果电流每秒钟变化 f 周、电动机的极对数是 p 对时，旋转磁场的转速为 $n_i=\dfrac{60f}{p}$（r/min），此转速也称同步转速。

三相异步电动机转子的转速越低，电动机的转差率越大，转子电动势频率越高。

2.1.5 接触器

在城市轨道交通车辆上，主接触器是一种用来频繁地接通和切断主电路的自动切换电器。

它的特点是：

——能进行远距离自动控制。

——操作频率较高。

——通断电流较大。

所以接触器同继电器相比，继电器没有灭弧系统。

1. 接触器的分类

按控制线圈的电压不同可分为直流接触器和交流接触器两种。

按传动方式可分为电空接触器和电磁接触器。

按主触头数目分可分为单极（只有一对主触头）接触器和多极（有两对以上主触头）接触器。

2. 接触器的组成

以直流接触器为例，其主要部件为：电磁机构、驱动机构、主触头、辅助触头、灭弧装置、上下接线端、基架（见图 2—13）。其中电磁系统由铁心和电磁线圈组成。

上海地铁 AC01/02 型电动列车上使用在牵引箱中的直流接触器为线路接触器（K100）、预充电接触器（K110）。如图 2—14 所示。电路在接通电源时，线路接触器 K100 处于分断位置，预充电接触器 K110 先闭合，此时，由于预充电电阻的作用，使电流较小，缓慢对 DC link 回路充电。当充电结束时，分断 K110，闭合 K100。在整个过程中，当故障出现，使 d_i/d_f 增加时，线路电感器 L100 起到限制作用。

图 2—13　装置在牵引箱中的直流电磁接触器

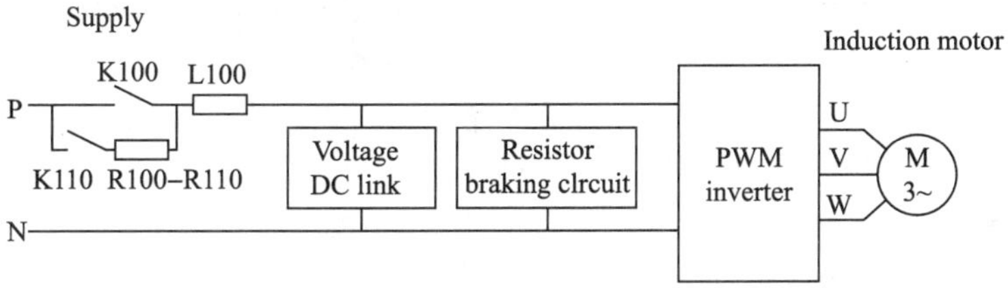

图 2—14　直流电磁接触器在线路中的位置

3. 直流电磁接触器的作用

直流电磁接触器是一种自动化的控制电器，主要用于频繁接通或分断直流电路，具有控制容量大，可远距离操作，配合继电器可以实现定时操作，联锁控制，各种定量控制和失压及欠压保护，广泛应用于自动控制电路。

直流接触器分断时，感性负载存储的磁场能量瞬时释放，断点处产生高能电弧，因此要求直流接触器具有一定的灭弧功能。

4. 直流电磁接触器的组成

城市轨道交通车辆普遍采用的是电磁接触器。电磁接触器一般由电磁机构、主触头、灭弧装置、辅助触头、支架、固定装置等组成（见图 2—15）。

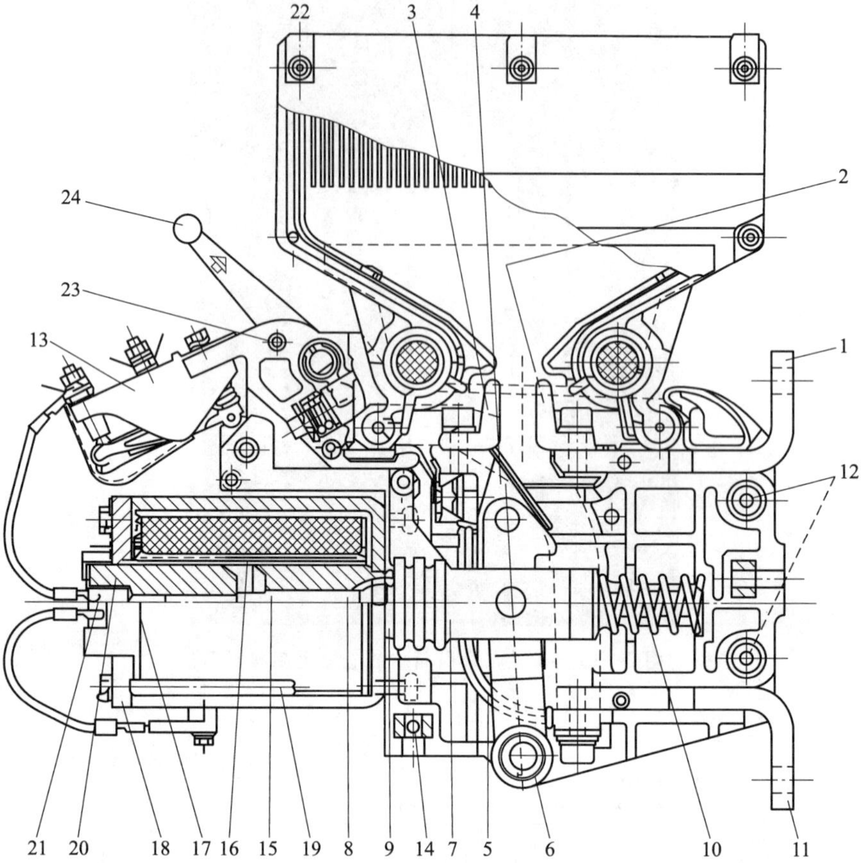

图 2—15　直流电磁接触器

1—上接线端　2—静触头　3—动触头　4—触头座　5—软连接　6—驱动轴　7—驱动机构　8—活塞杆　9—缓冲器　10—恢复弹簧　11—下接线端　12—螺栓　13—辅助开关　14—螺栓　15—铁心　16—线圈　17—导向器　18—盖　19—螺栓　20—动铁心　21—开槽螺母　22—弧罩　23—螺钉　24—手柄

接触器主触头和辅助触头需要定期检查。主触头最大允许磨损如图 2—16 所示，超过图示磨损则需要更新触头。新触头要相互配对，紧固拧紧力矩到 18 Nm。灭弧罩需定期检查，清除灭弧罩内烧灼痕迹和喷溅金属。接触器在正常工作条件下使用，不需要经常维修。

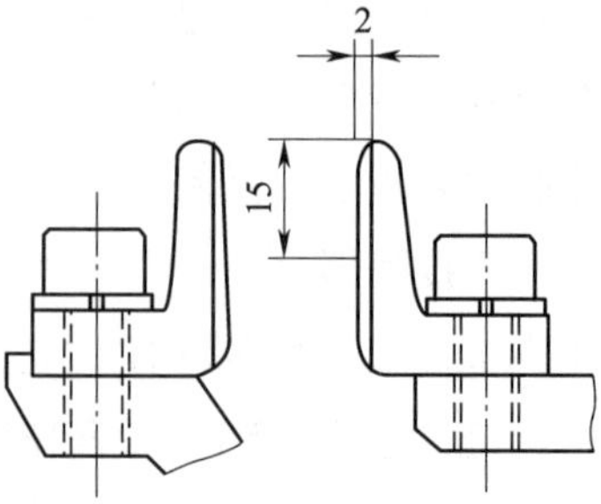

图 2—16　触头磨损示意图

接触器的技术参数如下：

K100		K110	
型号：	CIMS20，10	型号：	HSa
额定电压：	2 000 V	额定电压：	3 000 V
额定电流：	1 000 A	额定电流：	50 A
最大短时承受	1 050 A 60 min	关断时间：	90 ~ 100 ms
电流：	1 600 A 5 min		

5. 交流电磁接触器的作用

交流电磁接触器用于通断交流电流，常用来接通和断开交流电动机或其他电气设备，每小时可开闭几百次。

地铁车辆上的交流电磁接触器一般用在三相 380 V 电路上，如空调单元压缩机保护控制接触器。

6. 交流电磁接触器的组成

交流电磁接触器是一种靠电磁力的作用使触点闭合或断开来接通和断开电动机（或其他电气设备）电路的自动电器。交流接触器的外形、结构和图形符号如图 2—17 所示。

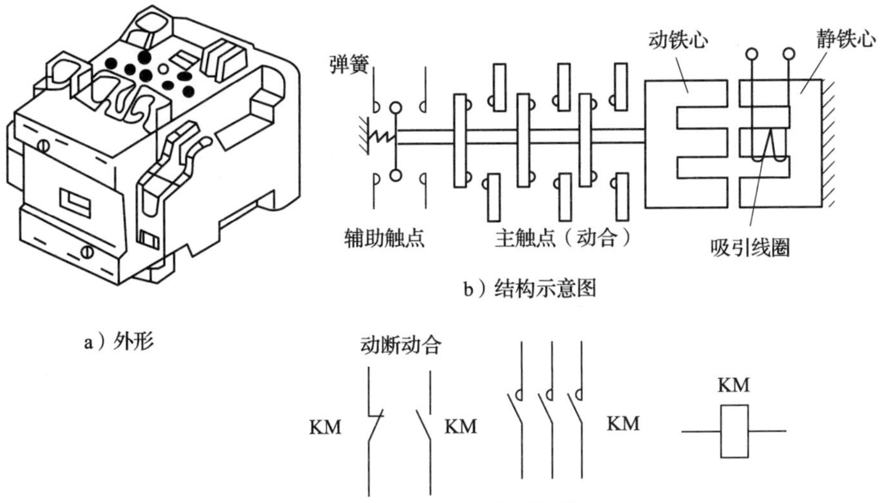

a）外形

b）结构示意图

c）图形符号

图 2—17 交流接触器

交流接触器的主要部分包括触点、电磁系统和灭弧装置。

（1）接触器触点按功用分为主触点与辅助触点。主触点用于通断执行电器主电路，触点通断电流容量较大；辅助触点作通断控制线路用，触点通断电流容量较小。

（2）电磁系统包括电磁线圈、铁心和衔铁（动铁心）等。交流接触器一般用成形硅钢片叠成，以减少涡流的影响。

（3）灭弧装置。接触器触点在接通、分断时会产生电弧，特别是通断容量较大的感性负载电路。强烈的电弧会使触点烧蚀氧化加快，为此，接触器常设有灭弧装置。

2.1.6　速度传感器

传感器是一种测量装置，它能感受或响应规定的被测量物理量，并按照一定规律转换成可用输出，以满足信息的传输、处理、储存、记录、显示和控制的要求。微电子技术和微处理技术的发展，使传感器出现了新的突破，从实时处理进而发展到将获得的信息储存、数据处理和控制。近年来，传感器在智能方面取得了新的进展。城轨车辆使用的速度传感器分为单信道速度传感器和双信道速度传感器两种，型号分别为 GID－E 和 GID5，它们安装于轴箱内，要求性能可靠、精度高、抗干扰性强，例如上海地铁 DC01 型电动车辆（见图 2—18）。

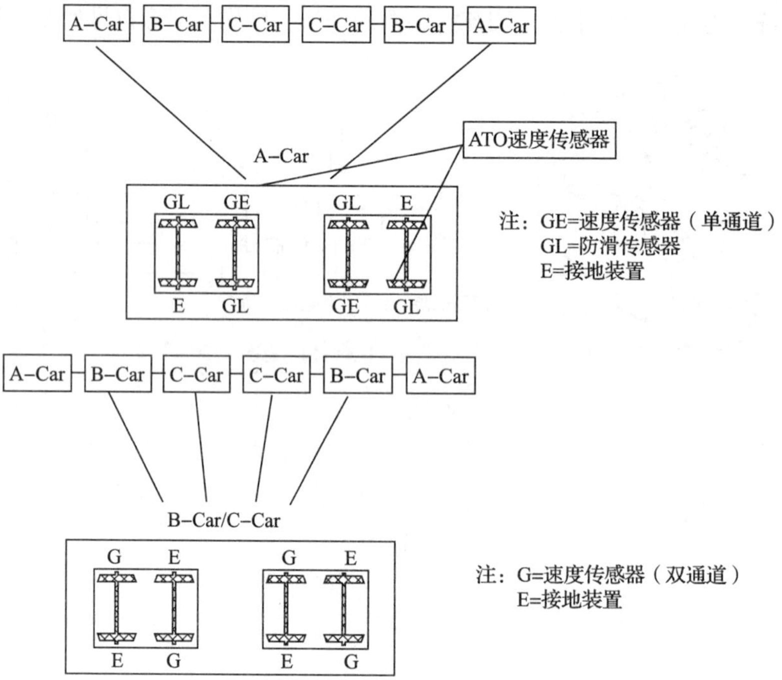

图 2—18　交流列车速度传感器的分布

电动列车的速度传感器有轴端速度传感器和电动机速度传感器两种。

1. 轴端速度传感器

（1）轴端速度传感器的作用。轴端速度传感器（见图2—19）安装于轮轴上，其作用是把被测非电量（车轮的转速）变换为与其成一定比例关系的电量（脉冲电压信号）。

图2—19　速度传感器

（2）轴端速度传感器的主要部件。速度传感器主要包括脉冲发生器、电缆、螺旋接头、可收缩套管、磁轮、密封件和外盖，如图2—20所示。速度传感器的磁轮使用螺钉固定在轴箱端盖上。带有电缆接线的脉冲发生器安装在速度传感器的盖上。脉冲发生器与磁轮之间存在一个气隙，要求气隙范围在0.4～1.4 mm。

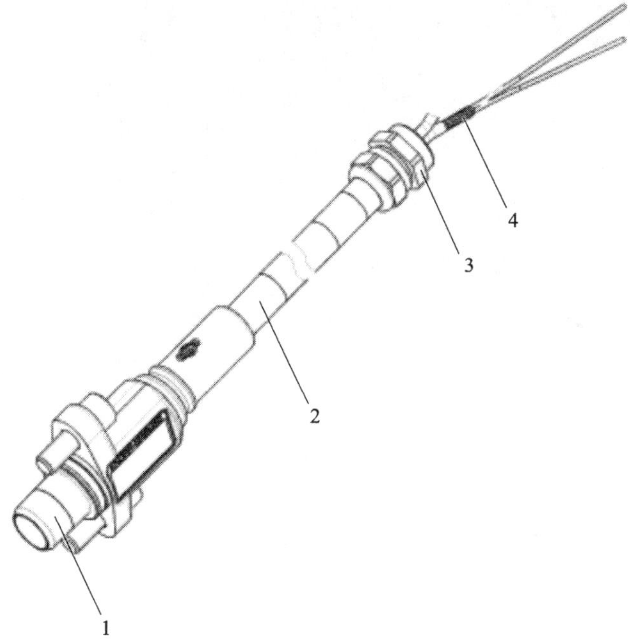

图2—20　速度传感器的组成

1—脉冲发生器　2—电缆　3—螺旋接头　4—可收缩套管

2. 电动机速度传感器

（1）电动机速度传感器的作用。牵引电动机在非传动轴端安装了有速度传感器，用以给传动控制系统提供速度信号，便于牵引逆变器进行牵引、制动、防滑等控制功能的闭环调节。具体作用如下：

1）电动列车各车轮直径大小不一致将造成转速存在差异，此差异可以通过设定牵引逆变器的频率予以消除。牵引逆变器频率设定依据为：

①牵引时按4台并联电动机中转数最低的电动机设定频率。

②电制动时按4台并联电动机中转数最高的电动机设定频率。

2）空转检测。

3）运行方向检测和控制主电路。

（2）电动机速度传感器的主要部件。电动机速度传感器与轴端速度传感器类似，也主要包括脉冲发生器、电缆、螺旋接头、可收缩套管、测速齿盘、密封件、外盖等。其中，测速齿盘如图2—21所示。

图2—21　测速齿盘

2.1.7　温度传感器

1．温度传感器的作用

温度传感器是通过物体随温度变化而改变某种特性来间接测量的元件。不少材料的特性都随温度的变化而变化，所以能做温度传感器的材料相当多。随温度变化而引起物理参数变化的有：膨胀、电阻、电容、热电动势、磁性能、频率、光学特性及热噪声等。

温度是表征物体冷热程度的物理量，它可以通过物体随温度变化的某些特性（如电阻、电压变化等特性）来间接测量。通过研究发现，金属铂（Pt）的电阻值随温度变化而变化，并且具有很好的重现性和稳定性，利用铂的此种物理特性制成的传感器称为铂电阻温度传感器。铂电阻温度传感器精度高，稳定性好，应用温度范围广，是中低温区（-200～650℃）最常用的一种温度检测器。用于地铁AC01/02型列车的温度传感器为Pt100，为铂电阻温度传感器，在制动电阻通风装置、牵引箱中的相模块和制动模块、制动晶闸管、输入进风装置均有安置。

2．温度传感器的输出参数

温度传感器的输出为模拟量。

Pt100温度传感器具有抗振动、稳定性好、准确度高、耐高压等优点，它的主要技术参数如下：

零度阻值：100 Ω。

电阻变化率：0.385 1 Ω/℃。

测量范围：-200℃～+600℃。

允许偏差值△：A级±（0.15+0.002 $|t|$）℃；

B级±（0.30+0.005 $|t|$）℃。

热响应时间：<30 s。

最小置入深度：≥200 mm。

允通电流：≤5 mA。

3．温度传感器的主要部件

热电阻是利用物质在温度变化时本身电阻也随着发生变化来测量温度的，大都由纯金属材料制成，其主要材料有铂、铜和镍，目前应用最多的是铂和铜，其主要热电阻性能见表2—3。

表2—3 主要热电阻性能比较

材料	铂	镍	铜
使用温度范围（℃）	-200～+600	-100～+300	-50～+150
电阻丝直径（mm）	0.03～0.07	0.05左右	0.1左右
电阻率（$\Omega \cdot mm^2/m$）	0.098 1～0.106	0.118～0.138	0.017
0～100℃之间电阻温度系数平均值（$\times 10^{-3}$/℃）	3.92～3.98	6.21～6.34	4.25～4.28

续表

材料	铂	镍	铜
化学稳定性	在氧化性介质中性能稳定，不宜在还原性介质中使用，尤其在高温情况下	超过180℃易氧化	超过100℃易氧化
特性	特性近于线性，性能稳定，精度高	特性近于线性，性能一致性差，测温灵敏度高	特性线性
应用	可做标准测温装置	一般测温用	适于测量低温、无水分、无侵蚀性介质温度

4. 热电阻的温度测量范围

电阻温度计中的热电阻传感器是绕在云母、石英或塑料骨架上的金属电阻丝（常用铜或铂），外套保护管（见图2—22和图2—23）。

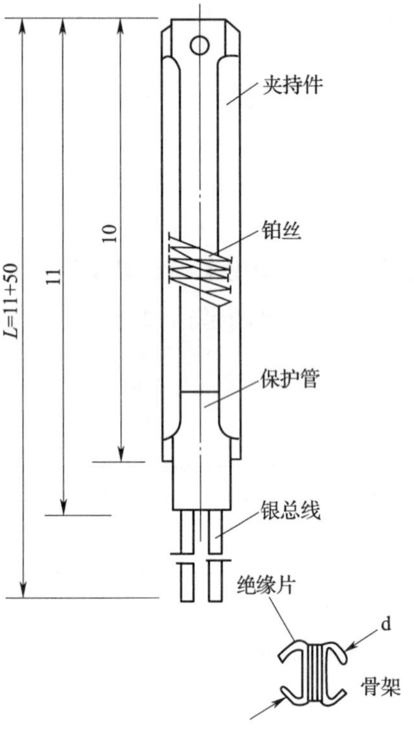

图2—22　铂热电阻感温元件结构图

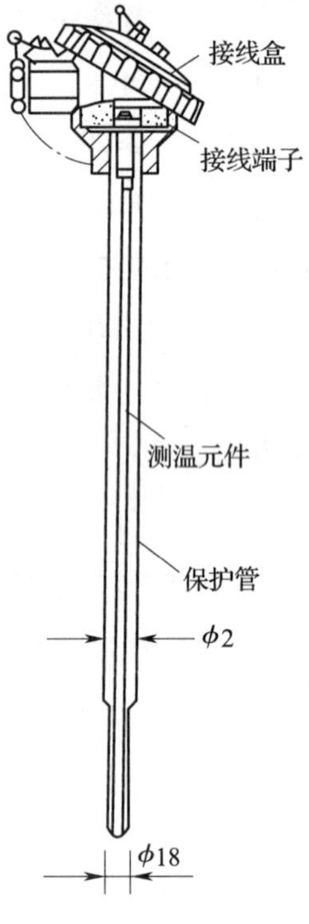

图2—23　铂热电阻组成的测温传感器

作为热电阻传感器的金属电阻丝，在工作温度范围内必须具有稳定的物理和化学性能。电阻随温度变化的关系最好是接近线性的，热惯性愈小愈好。

铂是贵金属，价格较高，但由于铂热电阻具有很好的稳定性和测量精度，主要用于高精度的温度测量和标准测温装置，测温范围 –200～600℃。

地铁车辆牵引箱中的 Pt100 温度传感器用来监控温度，TCU 以储存限制值对照测量值，如超过会引起以下反应：

（1）对于相模块 A10、A20、A30 温度测量点，超温反应第一阶段减少输出；第二阶段封闭 PWM 逆变器，达到允许值后，重新启动。

（2）对于制动模块温度测量点，超温反应封闭制动控制模块，达到允许温度后，重新启动。

（3）对于牵引控制单元的输入（输出）单元温度测量点，超温反应封闭 PWM 逆变器，达到允许温度后重新启动。

（4）对于进风口测温点，超温反应也封闭 PWM 逆变器。

所以这时，只要对牵引箱关键设备进行温度监控，以满足正常工作需要。

技能要求

电动列车只升单弓故障排除

操作准备

1. 列车处于得电状态。

2. 列车无其他故障。

操作要求

1. 正确使用工具进行操作。

2. 接线正确。

3. 操作人员按规定着装，违反作业安全规定、不文明操作或造成他人伤害者取消考试资格。

4. 操作完毕后，工具物品清场，无遗漏。

操作步骤

电动列车只升单弓故障排除流程为：

一定——故障确定；二排——故障排除；三恢复——故障恢复。

步骤 1　确认列车处于得电状态（否则打开主控制器钥匙，启车）。

步骤 2　检查司机显示器，找到故障受电弓的位置。

步骤 3　查看电路图，分析可能的故障点。

步骤 4　打开设备柜，检查 B 车设备柜内 21－K10 继电器是否吸合。

步骤 5　用万用表测量，检查 21－K10 继电器供电是否正常。

步骤 6　检查 B 车设备柜内紧急落弓 21－S05 是否在切除位（见图 2—24）。

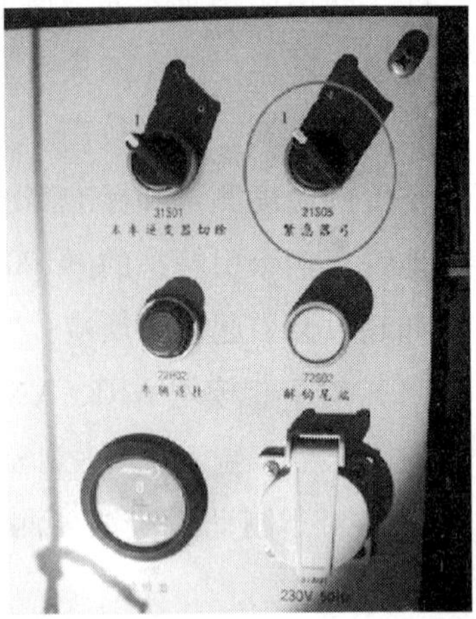

图 2—24　紧急落弓开关

步骤 7　用万用表测量，检查 21312 线是否有电，如无电则检查接线松脱或接线错误，有电则断开该回路空气开关，将接线恢复。

步骤 8　合上该回路空气开关，重新升、落该受电弓，受电弓升、落弓恢复正常。

步骤 9　整理工具清场，操作完成。

列车常用制动不缓解故障排除

操作准备

1. 电动列车处于得电状态。

2. 列车无其他故障。

3. 列车停放在有地沟的股道上。

操作要求

1. 正确使用工具进行操作。

2. 接线正确。

3. 操作人员按规定着装，违反作业安全规定、不文明操作或造成他人伤害者取消考试资格。

4. 操作完毕后，工具物品清场，无遗漏。

操作步骤

列车常用制动不缓解故障排除流程为：

一定——故障确定；二排——故障排除；三恢复——故障恢复。

步骤1　确认列车处于得电状态（否则打开主控制器钥匙，启车）。

备注：以下操作必须在落弓状态下实施。

步骤2　在缓解紧急制动后，将司机手柄推至牵引位，查看双针压力表及司机显示器页面，发现常用制动不缓解。

步骤3　查看电路图，分析可能的故障点。

步骤4　将司机手柄 DCH 放在牵引位进行排故。

步骤5　打开 A 车设备柜，检查 KLIP E113_10 的显示情况，如图 2—25 所示。

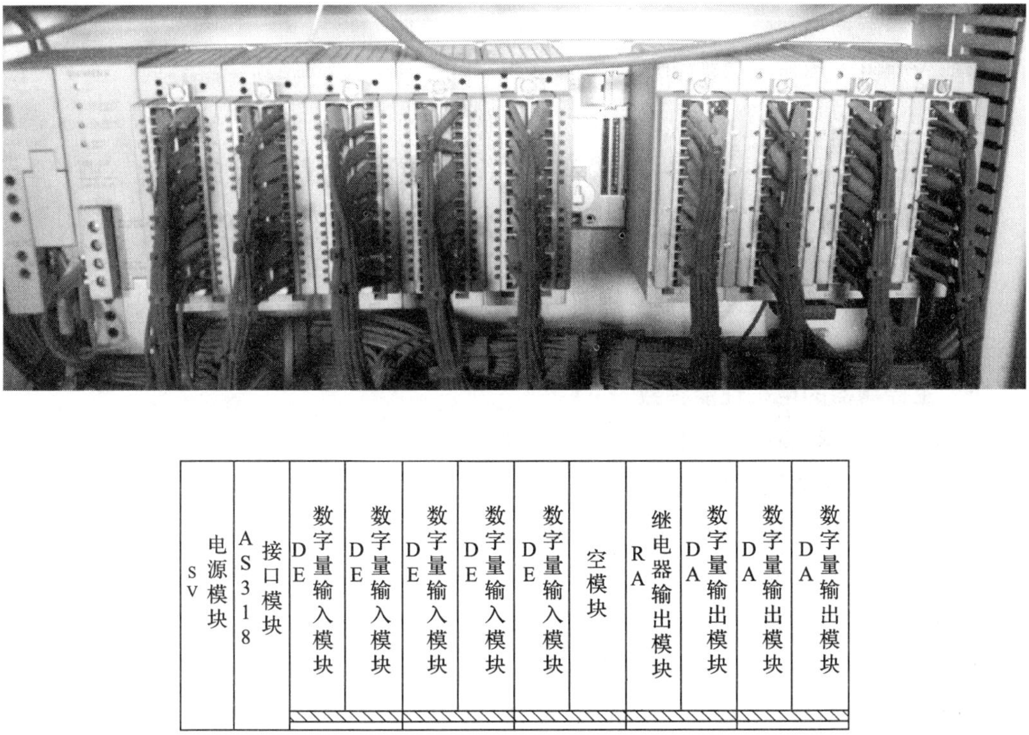

图 2—25　KLIP 输入情况

步骤6　用万用表测量，检查到 22K13 不得电，则发现 22K13 的 22506 接线脱落或接线错误。

步骤7　恢复司机手柄到惰行位，施加紧急制动后，断开主控钥匙，并恢复接线。

步骤8　打开主控钥匙，再次重复步骤 2，常用制动缓解，列车恢复正常。

步骤9　整理工具清场，操作完成。

2.2 牵引控制系统

学习目标

完成本节的学习后，您能够：

1. 了解电动列车控制系统的基本知识
2. 掌握电动列车控制系统主要部件设备的结构和功能
3. 掌握电动列车牵引、制动回路的构成和工作原理
4. 能够对牵引控制系统的较难故障进行处理

知识要求

2.2.1 主控制器

主控制器，又称司机控制器，主要由主控制（牵引/制动）手柄、方式方向手柄和主控钥匙开关组成，以下以沙尔特宝的 S355E 为例介绍。

1. 主控制器的电气性能参数

触头型号：S826a/L、S826e/L、S826c/L。

触头额定工作电压（U_e）：DC. 110 V。

触头额定工作电流（I_e）：DC. 1 A。

触头约定发热电流（I_{th}）：DC. 10 A。

触头防护等级：IP40（触头）、IP00（接线）。

给定电位器型号：PW 70（1 043 Ω ×2）。

调整电阻器型号：RX20 – 10 659 Ω 4 W，RX20 – 10 259 Ω 4 W。

输入电压：15 V DC。

0 位：3 ±0. 1 V DC。

牵引最大位：8. 3 ±0. 15 V DC。

制动最大位：8 ±0. 1 V DC。

快速制动：8. 3 ±0. 15 V DC。

2. 主控制器的工作原理

主控制器用于控制电动列车主电路。

S355E 型驾驶员控制室属于凸轮和辅助触头配合实现触点开闭控制的有触点电器。该控制器由上、中、下三层组成（见图 2—26 和图 2—27），上层（面板上）由钥匙开关 1、推拉式控制手柄 3、方向手柄 5、警惕开关 4 和位置标牌等组成。

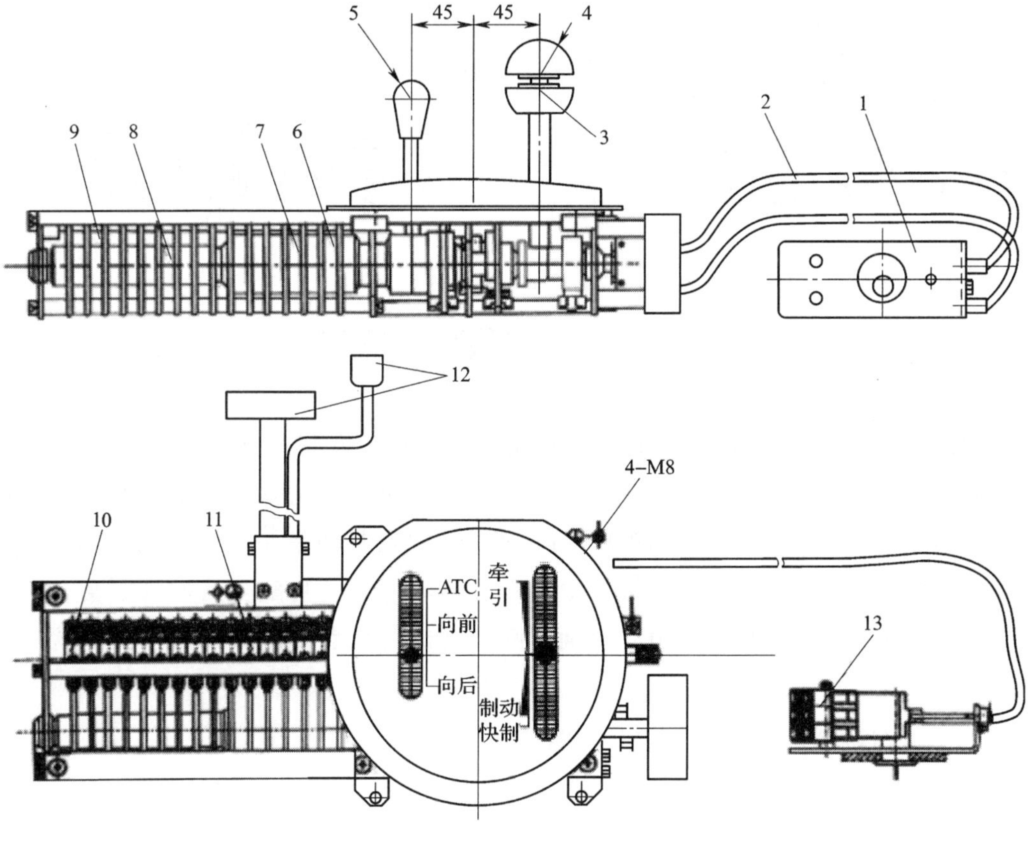

图 2—26　主控制器结构（尺寸单元：mm）

1—钥匙开关　2—钢丝绳　3—控制手柄　4—警惕开关　5—方向手柄
6—换向轴　7—换向凸轮　8—控制轴　9—控制凸轮　10—控制辅助触头组
11—换向辅助触头组　12—电连接器　13—钥匙开关辅助触头

中层由安装面板组成。下层主要由联锁结构、转轴凸轮结构、辅助触头盒、调速电位器和电连接器等组成。

控制手柄和方向手柄各配置一套转轴、凸轮和辅助触头装置，分别称它们为控制轴机构和方向轴机构。

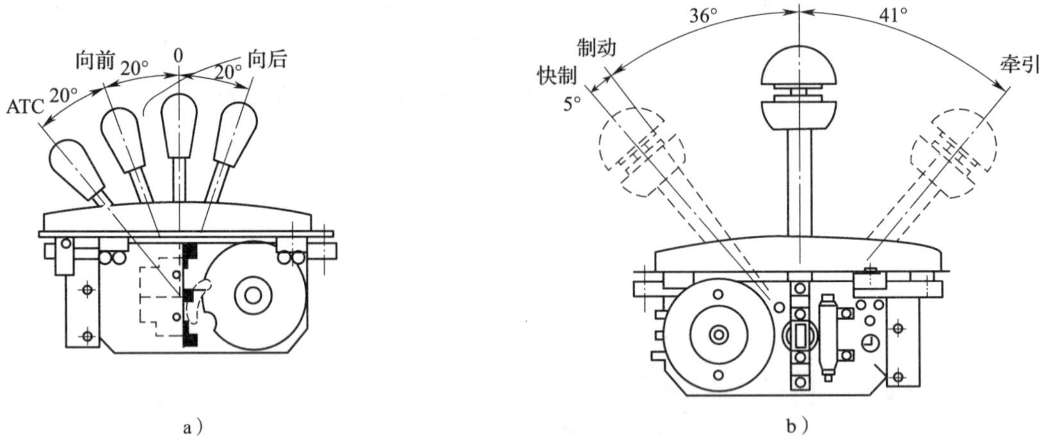

图 2—27　司机控制器左视图和右视图

a）方向手柄　b）控制手柄

控制轴机构包括与控制手柄连接的控制轴 8 及其安装在该轴上的控制凸轮 9、控制辅助触头组 10 等。方向轴机构包括与方向手柄连接的换向轴 6 及其安装在该轴上的换向凸轮 7、换向辅助触头组 11 等。其中控制轴是一个实心细长轴，作为内轴；换向轴是一根空心粗短轴，套在实心轴的外层，其配套凸轮分别套在两根轴上，手柄的转动便可带动相应的轴及凸轮转动，从而带动辅助触头开闭状态的变换。

3. 牵引控制器（制动控制器）功能

主控制手柄的牵引控制器（制动控制器）用来控制车辆的电力牵引和制动模式。

当主控制手柄在牵引区或制动区时，列车处于牵引工况或常用制动工况，由基准值转换器将手柄的位置信息转换为数字信号后传输给牵引控制单元和制动电子控制单元，实施所需的牵引力和制动力。

4. 警惕开关功能

主控制器的警惕开关功能是为了防止司机无意识开车，在非 ATO 模式下，列车正常运行过程中时，当司机松开警惕开关 4 s 后，列车将进行告警，如果司机不采取相应的措施，列车将施加紧急制动。

5. 方式方向手柄功能

主控制器的方式方向手柄连接换向轴，用于控制车辆的运行方式及运行方向，共有“ATC”“向前”“0”“向后”四个位置，这四个位置由机械联锁装置定位，用来选择运行方向、转换为自动运行模式和编码手动运行模式。

6. 钥匙开关功能

钥匙开关有0、1两个位置，用于激活司机操纵台，驱动主控制手柄。

7. 主控制器联锁功能

为了防止可能产生的误操作，确保列车设备及运行安全，主控制器的控制手柄、方式方向手柄和机械锁之间有机械联锁。在使用时，先由钥匙开关打开机械锁，才能对控制手柄和方式方向手柄进行操作。当操纵列车时，先将钥匙开关打到“1”位，再由方向手柄选定列车的行车方向，再操作控制手柄来控制列车的速度。在行车过程中，如需要改变列车的工况，必须先将控制手柄放回“0”位后，才可进行方向手柄的操作。如果司机需要进行异端操作，必须将本端司机控制器的控制手柄置“0”位，换向手柄到“0”位，钥匙开关回“0”位，锁闭机械锁，拔出钥匙，方可进行异端操作。在列车的惰行期间，如果方式方向手柄移动到其他位置，牵引控制单元中牵引指令将失效，将启动紧急制动。

S355E型司机控制器的钥匙开关、控制手柄盒方向手柄之间的联锁关系如下。

(1) 钥匙开关在“0”位时，控制手柄和方向手柄均锁定在“0”位不动；反之，只有控制手柄和方向手柄均在“0”位时，钥匙开关才可由“0”位打到“1”位。

(2) 钥匙开关在“1”位时，控制手柄和方向手柄可进行操作，但控制手柄和方向手柄之间还存在以下互锁关系：

1) 方向手柄在“0”位时，控制手柄被锁在“0”位不动。

2) 方向手柄在“前”位时，控制手柄可在“牵引”和“制动”区域范围内活动。

3) 方向手柄在“后”位时，启动列车手动折返模式。

4) 方向手柄在“ATC”位时，启动列车自动驾驶模式。

5) 控制手柄在“牵引”区、“制动”区或“最大制动”位时，方向手柄不能进行位置转换，只有控制手柄在“0”时，方向手柄才可在“前”位、“后位”和“ATC”位之间转换。

上述机械联锁要求由机械联锁装置来实现。

2.2.2 牵引控制单元（TCU）

1. 牵引控制单元的功能

TCU 的全称为牵引控制单元（Traction Control Unit），它安装在每个牵引箱内。一个 SIBAS 一体化牵引控制单元用于监控和控制 PWM 逆变器。

TCU 是一个控制牵引的电子设备，由一个机架组成，采用 SIBAS－32 微处理技术，由不同的 SIBAS 32 模块系统组成，它能进行完整的闭环牵引控制并对电流、电压及温度的实际状态进行监控。SIBAS 32 由一个协同处理器系统进行操作，该处理器系统有清晰的分级任务配置，一个带 32 位处理器的中央计算机用于更高一级的功能，所有时间处理功能由信号处理系统来完成，其为中央计算机的从属系统工作。TCU 的主要功能是控制牵引和电制动力。

2. 牵引控制单元的组成

面板组件如图 2—28 所示。

图 2—28 TCU 面板组件

控制流程图如图 2—29 所示。

（1）模块组成

风扇部件	BLOW
电源变压器 110 V/5 V	PCS 5 V
电源变压器 110 V/±5 V	PCS ±15 V
电源变压器 110 V/24 V	PCS 24 V

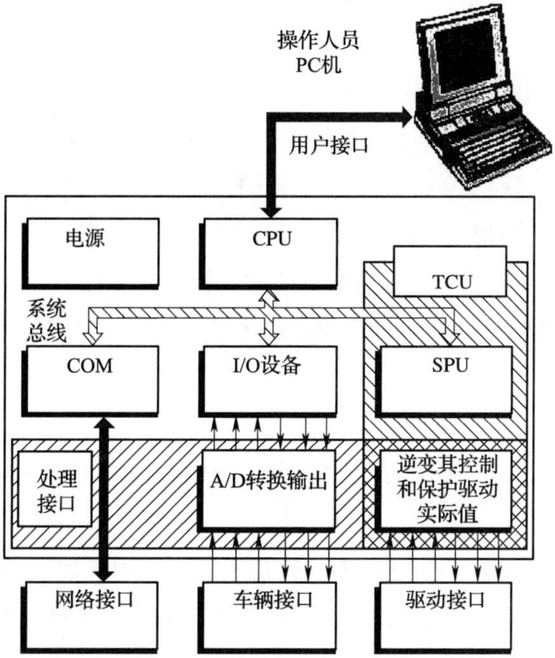

图 2—29　控制流程图

中央处理器	CPU
启动电源单元 110 V	PSU 110 V
串行接口 RS485	RS485
信号处理单元	SPU
电压/频率输入	IVF
110 V 二进制输入变压器	ICBP 110 V
110 V 二进制输出	BOCD 110 V
模拟/输出接口	ABIF
模拟输入（输出）	IOA
电源接口	APCS
逆变监测	INVM

(2）各部件简介

1）风扇部件（BLOW）：作用是起到对 TCU 部件进行强制冷却的作用。

2）电源变压器（PCS）：对 TCU 系统的不同部件进行供电。

3）中央处理系统（CPU）：是整个 SIBAS 32 系统处理中心，芯片为 80386。

4）启动电源单元（PSU110）：对输入（输出）欠电压进行监测，同时也控制 TCU 的启动和关闭。

5）串行接口 RS485（RS485）：通过列车总线或车辆总线使得各个设备之间得以通信。

6）信号处理单元（SPU）：在 SIBAS 32 系统中是一个高速处理单元。

7）电压/频率输入（IVF）：是把电压信号转换成频率信号。

8）110 V 二进制输入变压器（ICBP 110 V）：是用 110V 电压作为二进制输入的。

9）110 V 二进制输出（BOCD 110 V）：是用 110 V 电压作为二进制输出。

10）模拟/输出接口（ABIF）：是被用作为 CPU 和模块输入（输出）之间的接口。

11）模拟输入（输出）（IOA）：用于处理不同的模拟和数字（二进制）信号。

12）电源接口（APCS）：是把面板前的电源变压器模块所生成的电压供给到机架后部。

13）逆变监测（INVM）：是监测、控制逆变器的。这个模块是连接在触发设备和实际控制量（门信号之间的）。

3. 牵引控制单元的工作过程

在电源接通后，程序模块开始对系统初始化。

处理系统和其他的硬件开始初始化，包括对 RAM 内存写入数据、时间的参数化、中断控制器和串行接口。

牵引（制动）的控制信号为数字信号，由 TCU 读取，调压（导通角）和频率是连续变化的，在门极单元中将这两个参数的组合来作为脉冲形式。门极单元产生触发脉冲，然后由放大器放大后将其传送给 GTO 模块，从而驱动电动机工作，同时检测从模块处发生的检查返回信号来确认导通指令已被执行。

2.2.3 中央控制单元（CCU）

CCU 的全称为中央控制单元（Central Control Unit），对运行的列车和车载部件具有控制、监测功能。它位于每节 B 车的电子柜内，其控制系统为 SIBAS 32 系统软件。六节编组列车共有 2 个 CCU。

列车故障数据将通过总线送至 CCU 用于记录，包括记录 CCU 的内部故障。读取故障则需要运用 SIBAS 32 MONITOR 软件。

1. 中央控制单元的功能

CCU 的 32 位 CPU 用于牵引设备功能及列车控制功能的高级别控制。

（1）负载管理。

（2）数据记录功能。

（3）发出故障信息。

（4）控制子系统。

1）以故障发生顺序记录故障及其相应的时间和环境，且向显示器发送，并做出故障等级评估。评估等级如下：

1 级：严重故障。

大故障：乘客必须在下一站下车。

2 级：中级故障。

影响运营的故障：列车应在线路的终点退出运营，即运营一圈后回至车辆段。

3 级：小故障。

不影响运营的故障：在下次日检时，列车应在车辆段进行检查。

2）通过显示器和显示器内部的蜂鸣器向司机报告，司机可用屏幕上的按钮确认出现的故障。

3）如果此 CCU 位于列车中控制端的三节车单元中，应自动执行主控任务。

4）监测指定的车辆部件（以维护和调试为目的）。

5）当司机操纵台得电，在此操纵台上的显示器即处于工作状态。

6）对列车总线、车辆总线具有主控功能。

2. 总线系统的组成

（1）连接 KLIP 分站到 CCU 的分站控制总线（KLIP 总线）。

（2）CCU 接口总线：提供一个 CCU 与外部 PC 的接口，用于监测 CCU 内部数据。

（3）用于将三节车单元中的智能型部件连接在一起的车辆总线（DIN 总线），包括 KLIP、CCU、TCU、BECU、DDU。KLIP 用以收集数字输入（输出）信号（如各部件状态信号、接触器控制信号等）和模拟输入（输出）信号（如 ATO 给定的参考值、测量值等）

CCU	– 中央控制单元
BECU	– 制动电子控制单元

TCU	– 牵引控制单元
RVC	– 参考值转换器
CMD	– 指令
VEH. BUS	– 车辆总线（DIN 总线）
REF. VALUE	– 参考值
L – HOLD. BR. REQU	– 停车制动请求
ED BRAKE	– 电子制动
MC	– 主控制器
EBV	– 紧急制动值

（4）每节列车的中央控制单元（CCU）中包含一个中央故障存储单元，RAM 用于存储 CCU 故障诊断的数据及启动参数等。其主要功能有：

1）以故障发生顺序记录故障及其相应的时间和环境，并向显示器发送。

2）通过显示器内部的蜂鸣器向司机报告。司机可用屏幕上的按钮确认出现的故障。

3）如果此 CCU 位于六节编组列车中操纵端的三节车单元中，应自动地执行主控功能。

4）监控指定的车辆部件（以维护和调试为目的）。

5）当司机操纵台得电，在此操纵台上的显示器即处于工作状态。

6）对列车和车辆总线具有主控功能。

2.2.4 制动电子控制单元（BECU）

1. 制动电子控制单元的功能

每节车有一个制动电子控制单元（BECU），该单元提供制动力指令和防滑的部分控制功能，并且具有负载校正、监控及故障显示功能。

列车施加常用制动时，电制动发生故障的动车当作拖车处理。

在所有制动模式中，除了停放制动，电制动和空制动都具有防滑保护功能。

2. 制动电子控制单元的组成

BECU 由 19 英寸的电子机架组成，包括下列插件板：一个中央处理单元插件板、一个诊断器插件板、一个电源插件板和一个串行接插件板口。

3. 制动电子控制单元的工作过程

插件板的中央处理单元（CPU）控制所有的制动控制信号处理及防滑系统的信号

处理。根据输入信号，CPU 计算制动力指令值，并将其传给电子—气动模拟转换器。模拟转换器将制动力指令值转换成带有冲击限制及负荷控制的预控压力，由位于模拟转换器内的压力传感器提供反馈电路，用闭环控制来控制输出压力。

BECU 包括干扰和瞬态保护，形成电子电路所需的各种电压的电压模块，用于电磁线圈的施加和释放及故障监控的控制模块操作。

2.2.5 牵引/制动控制电路

1. 牵引指令有效的条件

禁止牵引继电器线圈得电的条件之一是非车间电源继电器得电。

当非车间电源供电方式、所有停车制动都处于释放状态，主风缸压力可用和安全疏散门锁好的条件下，电动列车才允许牵引。

2. 警惕按钮继电器线圈得电的条件（综合线路图 22－04）

假设方式方向手柄处于前进位置，同时警惕按钮（22－A01－S2）被司机按下。

（1）在车辆静止的情况下，警惕按钮继电器 I（22－K09）线圈得电条件为：

1）方式方向手柄（22－A01－S3）在前进位置，常开触点 17－18 闭合。

2）警惕按钮（22－A01－S2）被按下，常开触点 5－6 闭合。

3）主控制器（22－A01－S4）在“0”位，常闭触点 21－22 闭合。

4）零速继电器 1（22－K18）线圈失电，常闭触点 81－82 闭合。

5）零速继电器 2（22－K19）线圈失电，常闭触点 81－82 闭合。

（2）在车辆处于手动牵引的情况下，警惕按钮继电器Ⅱ（22－K10）线圈得电条件为：

1）方式方向手柄（22－A01－S3）在前进位置，常开触点 17－18 闭合。

2）主控制器（22－A01－S4）在牵引位，常开触点 23－24 闭合。

3）警惕按钮继电器 I（22－K09）线圈得电。

当警惕按钮（22－A01－S2）未被按下，其常开触点 5－6 断开，警惕按钮继电器 II（22－K10）将进入延时断开状态，4 s 以后，其常开触点将断开，于是紧急制动继电器（22－K25）的线圈失电，这时车辆马上进行紧急制动。

3. 车辆手动牵引的条件（综合线路图 22－04）

车辆进行手动牵引的条件是方式方向手柄在前进位置、主控制手柄在牵引位。

车辆进行手动牵引的条件不可能是自动驾驶转换继电器得电。

方式方向手柄（22－A01－S3）在前进位置，常开触点 17－18 闭合。

警惕按钮（22－A01－S2）被按下，常开触点 5－6 闭合。

主控制器（22－A01－S4）在牵引位，常开触点 23－24 闭合。

自动驾驶转换继电器Ⅱ的线圈失电，常闭触点 51－52 闭合。

禁止牵引继电器（22－K13）的线圈得电，常开触点 13－14 闭合。

快速制动继电器（22－K26）的线圈得电，常开触点 13－14 闭合。

紧急制动继电器（22－K25）的线圈得电，常开触点 23－24 闭合。

当车辆运行时，速度＞0 继电器（22－K18，22－K19）的线圈得电，常开触点 23－24闭合。

当车辆静止时，所有车辆左门关好继电器（81－K09）和所有车辆右门关好继电器（81－K10）的线圈都得电，常开触点 33－34 闭合。

当车门出现故障时，所有车门关好旁路开关（81－S10）处于旁路位置，常开触点 13－14 闭合。

车辆是否进行手动牵引的状态将输入 SIBAS KLIP 子站 SKS1（41－A1.03）的 E113_10（引脚 B5）。

4. 车辆自动牵引的条件（综合线路图 22－04）

车辆进行自动牵引的条件是方式方向手柄在 ATO 位置。

自动驾驶转换继电器Ⅰ（91－K01）线圈得电，常开触点 13－14 闭合。

禁止牵引继电器（22－K13）的线圈得电，常开触点 13－14 闭合。

快速制动继电器（22－K26）的线圈得电，常开触点 13－14 闭合。

紧急制动继电器（22－K25）的线圈得电，常开触点 23－24 闭合。

当车辆运行时，零速继电器（22－K18，22－K19）的线圈得电，常开触点 23－24 闭合。

当车辆静止时，所有车辆左门关好继电器（81－K09）和所有车辆右门关好继电器（81－K10）的线圈都得电，常开触点 33－34 闭合。

当车门出现故障时，所有车门关好旁路开关（81－S10）处于旁路位置，常开触点 13－14 闭合。

车辆是否进行自动牵引的状态将输入 SIBAS KLIP 子站 SKS1（41－A1.03）的 E113_10（引脚 A5）。

5. 车辆全常用制动的条件（综合线路图 22－04）

当主控制手柄处于制动和快速制动位置时，列车施加全常用制动。

主控制器手柄（22—A01－S4）处于制动和快速制动位置。

所有车辆右门关好继电器（81－K09）的线圈失电，常开触点43－44闭合。

所有车辆左门关好继电器（81－K10）的线圈失电，常开触点43－44闭合。

禁止牵引继电器（22－K13）的线圈得电，常开触点23－24闭合。

快速制动继电器（22－K26）的线圈得电，常开触点23－24闭合。

紧急制动继电器（22－K25）的线圈得电，常开触点33－34闭合。

在ATO模式下ATP（91－A01）监视全常用制动指令，并将指令发送到BECU（28－A01）和SIBAS KLIP子站1（41－A1.03）的E113_11（引脚B7）。

当ATP出现故障之后，ATP可以被一个旋转开关所切除。这样，继电器ATP切除继电器（91－K07）的线圈将会得电，其常开触点B3－C3闭合，这样全常用制动指令绕过ATP直接发送给BECU和SIBAS KLIP子站SKS1（41－A1.03）的E113_11（引脚B7）。

6. 车辆紧急制动的条件（综合线路图22－05）

当牵引时，用方式方向手柄（22－A01－S03）改变车辆的牵引方向。

紧急停车继电器（22－K08）线圈失电，常开触点43－44断开。

安全疏散门继电器（86－K01）线圈失电，常开触点43－44断开。

警惕按钮继电器Ⅱ（22－K10）线圈失电，常开触点25－28断开。

紧急制动继电器（22－K25）的线圈失电，常开触点13－14闭合。

在ATO模式下ATP（91－A01）监视紧急制动指令，并将指令发送到BECU（28－A01）和SIBAS KLIP子站SKS1（41－A1.03）的E113_13（引脚B13）。

当ATP出现故障之后，ATP可以被一个旋转开关所切除。这样，继电器ATP切除继电器（91－K07）的线圈将会得电，其常开触点（B1－C1）闭合，这样紧急制动指令绕过ATP直接发送给制动控制阀（28－A02）和SIBAS KLIP子站SKS1（41－A1.03）的E113_13（引脚B13）。

7. 车辆快速制动的条件（综合线路图22－04）

快速制动与方式方向手柄和主控制手柄有关。

主控制手柄处于“快速制动”位置时，车辆进行快速制动。

快速制动的条件之一为方式方向手柄常开触点15－16闭合。

方式方向手柄（22－A01－S3）处于ATO，前进或后退位置，常开触点15－16闭合。

主手柄（22－A01－S4）处于快速制动位置，常开触点29－30和31－32处于闭合位置。

主控制器手柄（22－A01－S4）处于快速制动位置，常闭触点 29－30 断开。

其常开触点 13－14 的分断禁止牵引指令传递，而其常开触点 33－34 的闭合则将发出制动指令。

在 ATO 模式下，ATP（91－A01）监视快速制动指令，并将指令发送到 BECU（28－A01）和 SIBAS KLIP 子站 1（41－A1.03）的 E113_12（引脚 B11）。

当 ATP 出现故障之后，ATP 可以被一个旋转开关所切除。这样 ATP 切除继电器（91－K07）的线圈将会得电，其常开触点 B1－C1 闭合，这样全常用制动指令绕过 ATP 直接发送给 BECU 和 SIBAS KLIP 子站 1（41－A1.03）的 E113_12（引脚 B11）

8. 紧急牵引的条件

连挂牵引/零位/紧急牵引旋钮开关处于紧急牵引时，车辆进入紧急牵引状态。

技能要求

牵引故障排除

操作准备

1. 列车处于 110 V DC 升弓状态。
2. 用司机室钥匙打开主控制器。
3. 列车处于静止状态。
4. 现场配备所需工具。

操作要求

1. 正确使用电脑和仪器测试设备，选择正确的用户测试程序。

2. 按检修工艺要求实施对故障的处理。排除列车故障时尽量手动操作或利用列车某些开关、设备进行处理，故障处理完毕必须要用电脑通过用户程序测试，确认故障已排除。

3. 检查时操作人员按规定着装，违反作业规定、不文明操作或造成他人伤害者取消考试资格。

4. 故障处理完毕后列车必须处于能安全运行的状态。

5. 故障分析判断不确切或不能排除的均要扣分。

操作步骤

牵引故障排除流程为：

一定——确定故障部件位置；二测——测试工具安装；三判断——故障判断。

步骤 1　确认列车处于得电状态（否则打开主控制器钥匙，启车）。

步骤 2　查看司机显示器，发现某节动车牵引故障。

步骤 3　用便携式计算机读取故障车的 TCU 故障代码。

步骤 4　根据故障代码判断出 C039 板故障。

步骤 5　打开相应的故障车牵引箱，检查 C039 板发现故障，如图 2—30 所示。

图 2—30　牵引控制器 C039 模块

步骤 6　打开 B 车设备柜，断开该回路的空气开关 23F02，恢复 TCU C039 板的两个插头。

步骤 7　合上该回路的空气开关，列车恢复正常。

步骤 8　整理工具清场，操作完成。

调整列车系统时间

操作准备

列车处于 110 V DC 升弓状态。

操作要求

1. 遇到故障要分析可能发生的原因和指明故障位置并实施处理。

2. 排除列车故障时，尽量使用常用电工工具与万用电表，不得使用其他电工工具。

3. 故障分析判断不确切或不能排除的均要扣分。

4. 检查时操作人员按规定着装，违反作业安全规定、不文明操作或造成他人伤害者取消考试资格。

5. 故障处理完毕后列车必须处于能安全运行的状态。

6. 操作完毕后，工具物品清场，无遗漏。

操作步骤

调整列车系统时间处理流程为：

一选——选择合适的工具；二查——查找故障点；三排除——故障排除。

步骤 1　确认列车处于得电状态（否则打开主控制器钥匙，启车）。

步骤 2　通过软件对 CCU 系统时间进行调整。

步骤 3　分析系统时间错误的主要故障原因有：

（1）累计时钟误差。

（2）晶振故障或实时时钟故障。

（3）软件故障。

步骤 4　一般系统时间错误的原因主要是累计时钟误差，通过 CCU 软件或显示屏进行调整。

（1）进入 SIBAS 32 MONITOR 软件，如图 2—31 所示。

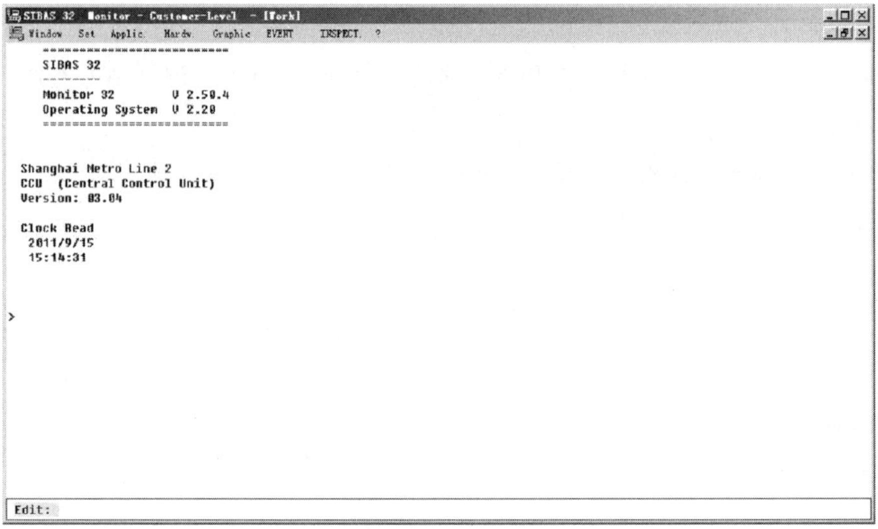

图 2—31　SIBAS 32 MONITOR 软件打开界面

（2）进入 HARDW—CLOCK 界面，如图 2—32 所示。

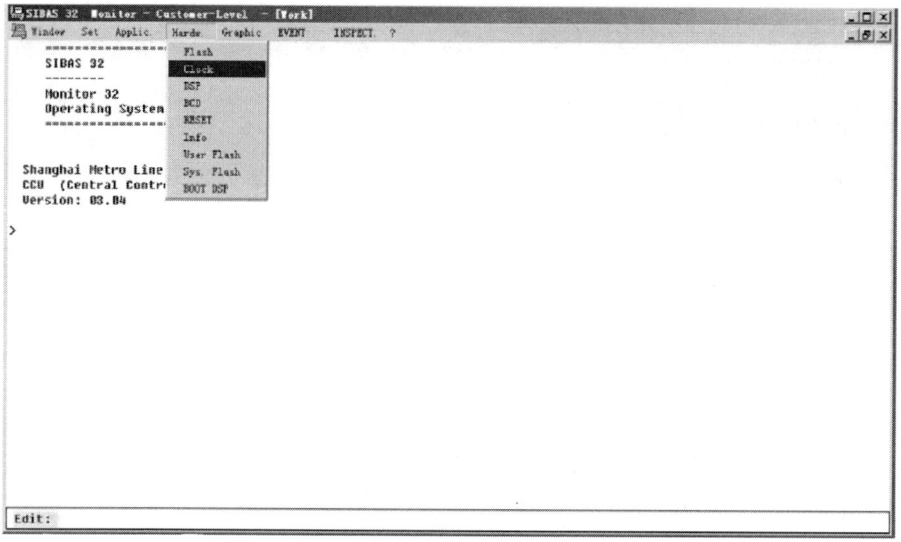

图 2—32　HARDW—CLOCK 界面

（3）输入 HR，如图 2—33 所示。

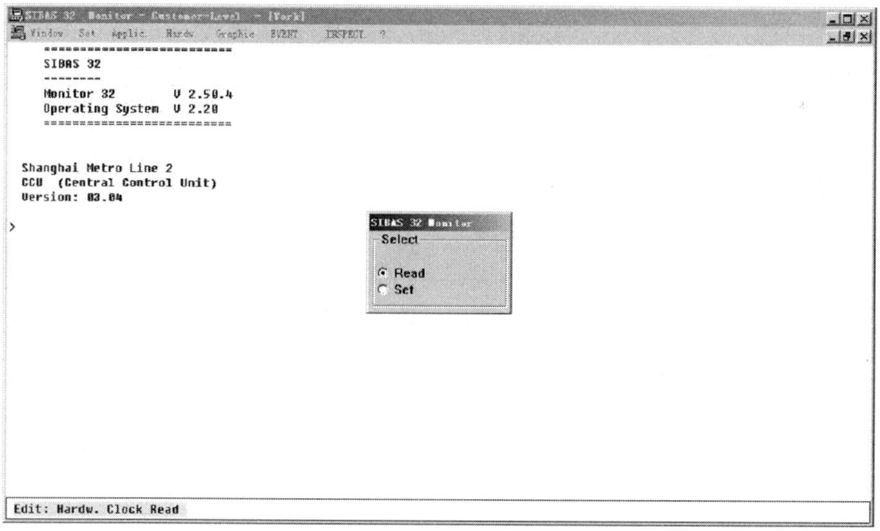

图 2—33　输入 HR 界面

（4）读取时间，如图 2—34 所示。

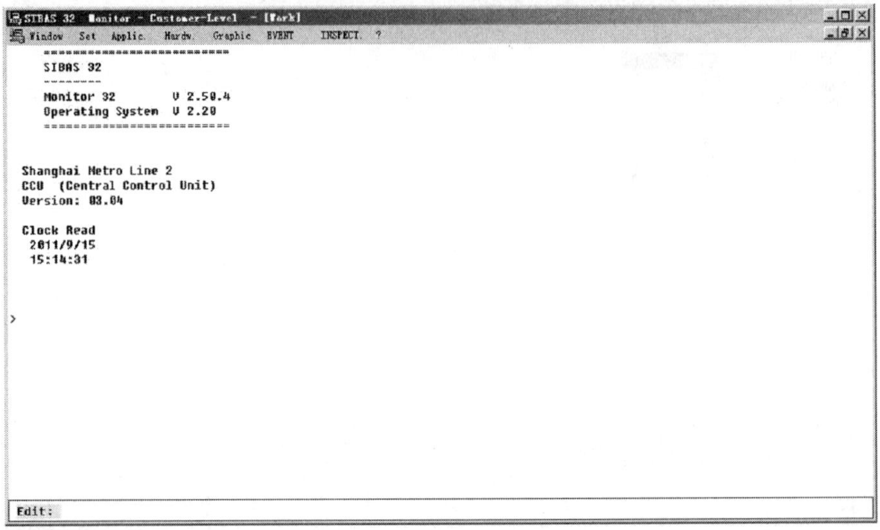

图 2—34 读取时间界面

（5）输入 HS，如图 2—35 所示。

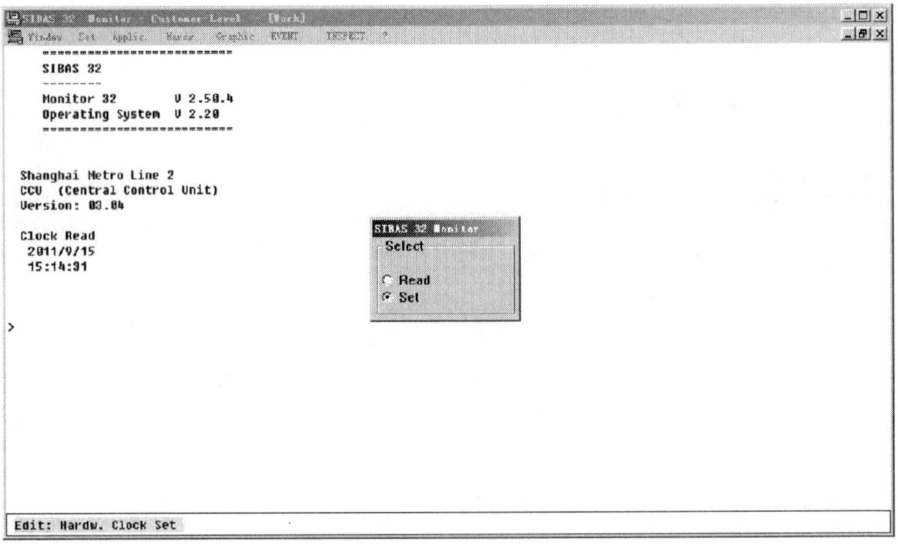

图 2—35 输入 HS 界面

（6）设置时间，如图 2—36 所示。

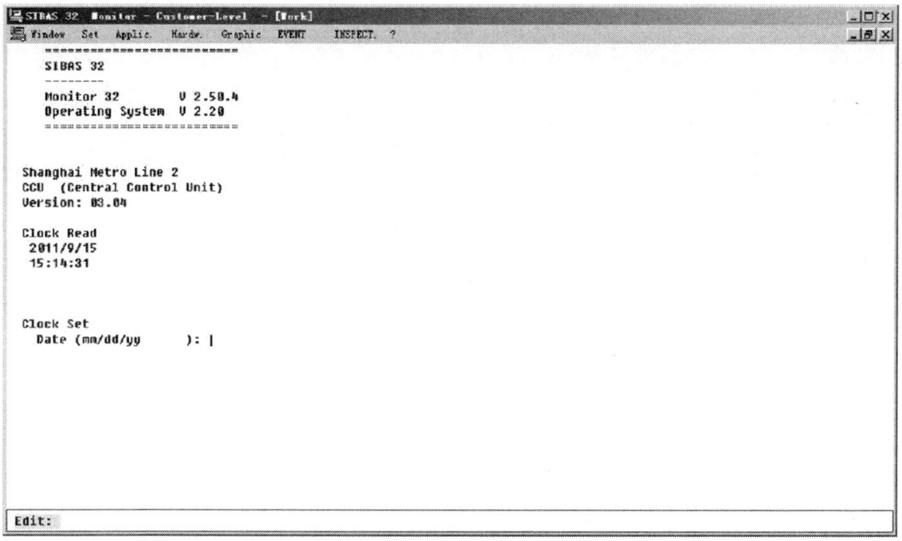

图 2—36　设置时间界面

（7）输入日期，如图 2—37 所示。

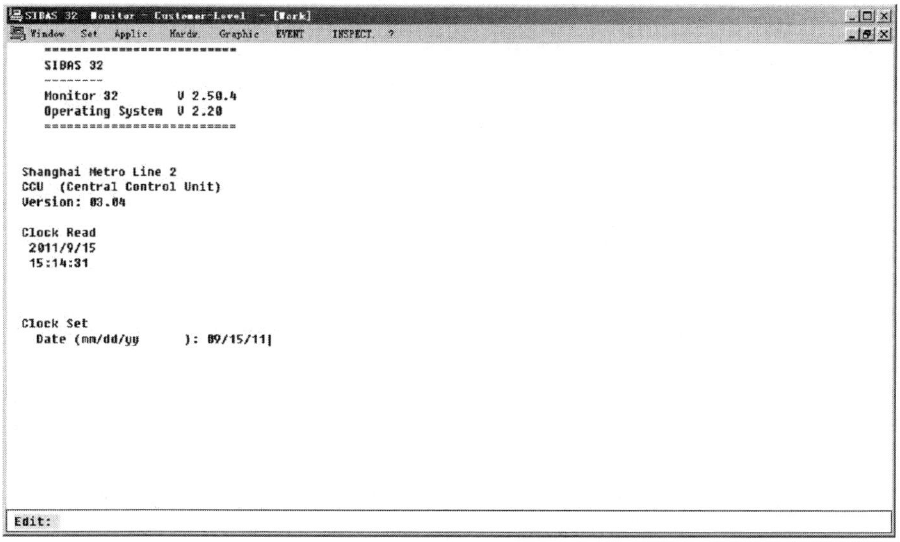

图 2—37　输入日期界面

（8）选择星期，如图 2—38 所示。

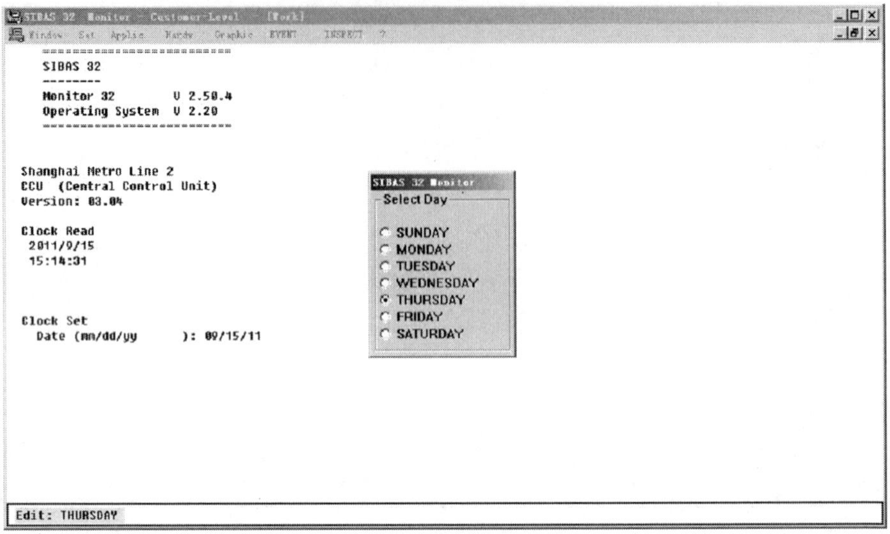

图 2—38 选择星期界面

（9）设置时间，如图 2—39 所示。

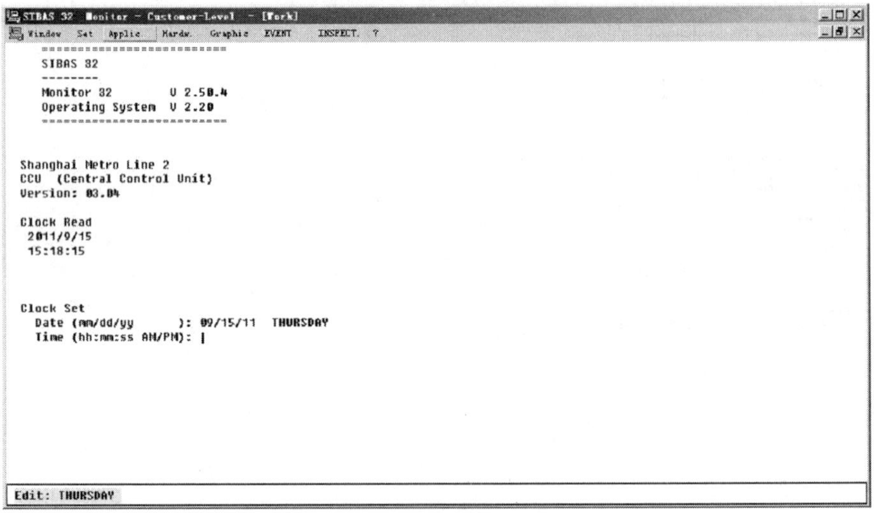

图 2—39 设置时间界面

（10）输入时间，如图 2—40 所示。

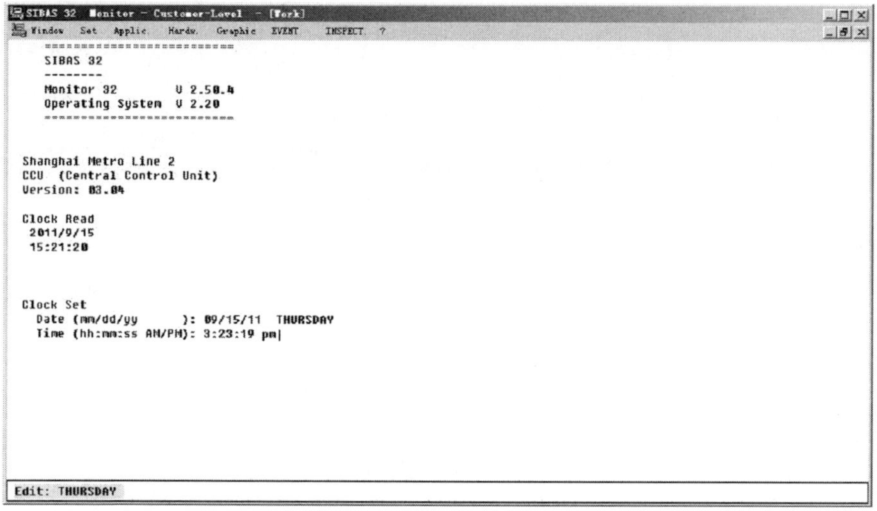

图 2—40　输入时间界面

（11）按“回车”键，确认时间。

步骤 5　整理工具清场，操作完成。

第3章

电动列车辅助系统

城轨车辆辅助系统主要指除牵引系统以外的所有用电系统，其供电的主要负载有：列车空调、客室照明、设备通风冷却、电器电子装置、蓄电池充电等。整个辅助电路由逆变器、蓄电池及相应的部件组成。在整列车的动车和拖车中都有辅助电路，它的工作状态正常与否直接影响整列车的功能。

3.1 辅助逆变器

学习目标

完成本节的学习后，您能够：

1. 掌握城轨电动列车辅助逆变器的负载分配
2. 掌握城轨电动列车辅助逆变器的主电路构成
3. 能够对辅助逆变器进行维修和对较难故障进行处理

知识要求

3.1.1 辅助逆变器的负载分配

为了保证在某台逆变器发生故障时，列车仍能可靠运行，在负载分配上采取了以下措施：

（1）将整列车的辅助逆变器按其负载的性质分成两组供电系统，一组供电系统为整列车的空调提供电源，这组供电系统由整列车中的几台辅助逆变器并联组成，分别提供本单元每节车辆一台通风空调（每节车有两台通风空调系统）的电源，这样当一台逆变器发生故障时，能保证在每一节车辆上有一台通风空调系统能得电工作，从乘客的乘坐舒适性及必须的车厢通风考虑，这样的负载分配方式是极其必要的。

（2）另一组供电系统由存余的几台（一般为两台）辅助逆变器组成，它为整列车的下列设备提供电源：①内部照明；②外部照明；③司机室设备（除空调）；④控制电子；⑤蓄电池；⑥通信系统；⑦维护及诊断系统；⑧监控/控制回路；⑨自动列车控制；⑩主要电气设备冷却通风。

（3）在正常工作状态时，该组供电系统内的几台辅助逆变器各负担全列车一半的冷却通风负载。当有一台辅助逆变器发生故障后，该逆变器所承担的负载自动切换至另一台逆变器承担，以保证整列电动列车主要电气设备的冷却通风正常工作。上海地铁 DC－01 型电动列车负载分配图如图 3—1 所示。

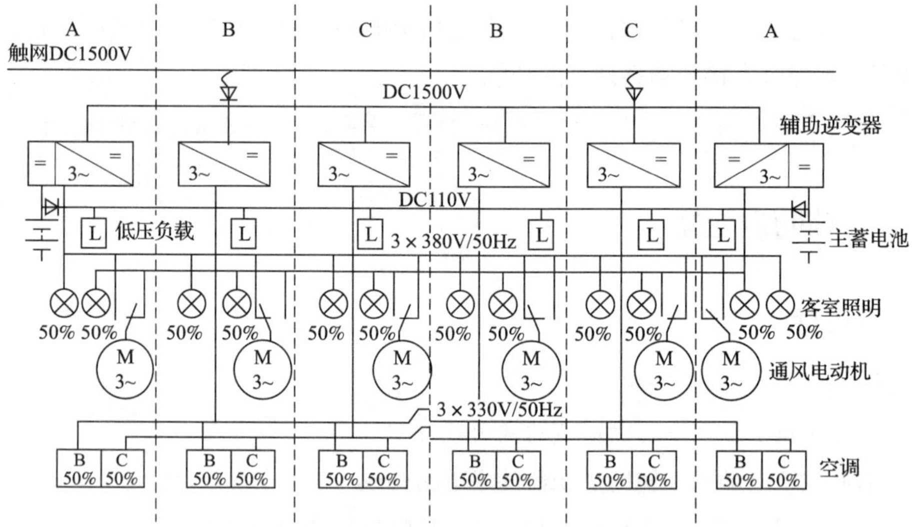

图 3—1　上海地铁 DC－01 型电动列车负载分配图

3.1.2　辅助逆变器的主电路构成

辅助逆变器主电路主要由线路滤波、斩波器、中间电路、三相逆变器四部分构成。其中逆变器最主要的部件是大功率半导体开关器件。早期的直流传动地铁车辆中，逆变器采用大功率 GTO 器件（门极可关断晶闸管），如上海地铁 DC－01 型列车使用 4 500 V/600 A 的 GTO。随着技术的进步，大功率的 IGBT（绝缘栅双极晶体管）及 IPM（智能型功率模块）问世，在新建的地铁或轻轨动车上都使用 IGBT 器件。

1. 可关断晶闸管（GTO）

门极可关断晶闸管（Gate Turn off Thyristor）简称 GTO，是一种通过门极来控制器件导通和关断的电力半导体器件。GTO 耐压高、电流大、耐浪涌能力强、价格便宜，同时又具有自关断能力、无须辅助关断电路、使用方便的优点。目前 GTO 的生产水平已达到6 000 V、6 000 A，频率为1 kHz，其研制水平可达到9 000 V、8 000 A。GTO 广泛应用于电力机车的逆变器和大功率直流斩波调速等领域。

（1）GTO 的结构。GTO 结构原理与普通晶闸管相似，为 PNPN 四层三端半导体器件，其结构、等效电路及图形符号如图 3—2 所示。图中 *A*、*G* 和 *K* 分别表示 GTO 的阳极、门极和阴极。其等效电路中的 PNP 和 NPN 晶体管共基极电流放大系数为 α_1 和 α_2。

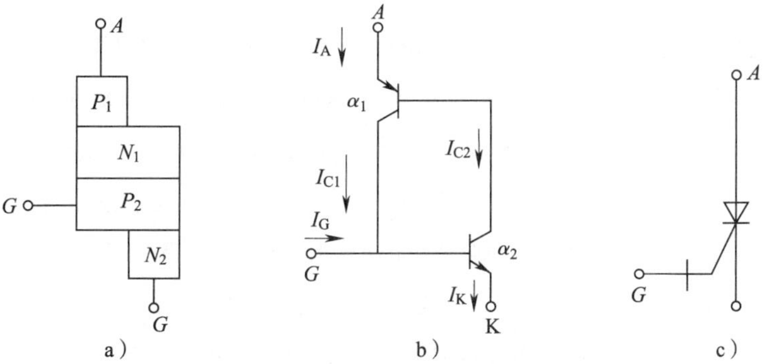

图 3—2　GTO 结构、等效电路及图形符号

a）结构　b）等效电路　c）图形符号

GTO 的外部引出三个电极，但内部却包含数百个共阳极的小 GTO，这些小 GTO 称为 GTO 元。GTO 元的阳极是共有的，门极和阴极分别并联在一起，这是为实现门极控制关断所采取的特殊设计。

（2）GTO 的工作原理。GTO 的开通原理与普通晶闸管相同。如图 3—2b 所示的等效电路中，当阳极加正向电压、门极同时加正向触发信号时，在等效晶体管 PNP 和 NPN 内形成如图 3—3 所示的正反馈过程。

随着晶体管 $N_2P_2N_1$ 的发射极电流和 $P_1N_1P_2$ 的发射极电流的增加，α_1 和 α_2 也增大。当 $\alpha_1+\alpha_2>1$ 时，两个等效晶体管均饱和导通，GTO 则完成了导通过程。

与普通晶体管不同的是 GTO 导通时，总的放大系数 $\alpha_1+\alpha_2$ 仅稍大于 1，使 GTO 处于临界饱和状态，为用门极负信号去关断阳极电流提供了可能性。

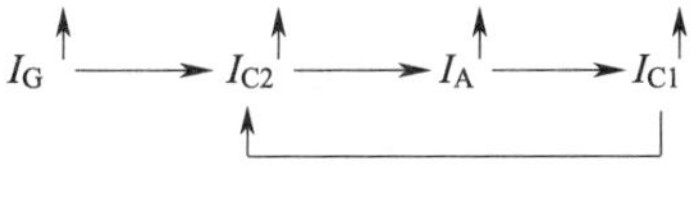

图 3—3　正反馈过程图

GTO 的关断机理及关断方式说明如下：如图 3—4 所示为 GTO 关断过程等效电路。关断 GTO 时，将开关 S 闭合，门极加上负偏置电压 E_G，晶体管 $P_1N_1P_2$ 晶体管的集电极电流 I_{C1} 被抽走，形成门极负电流 $-I_G$。由于 I_{C1} 的抽走，使 $N_1P_2N_2$ 晶体管的基极电流减小，进而使 I_{C2} 也减小，引起 I_{C1} 进一步下降。如此循环，最后导致 GTO 的阳极电流消失而关断。

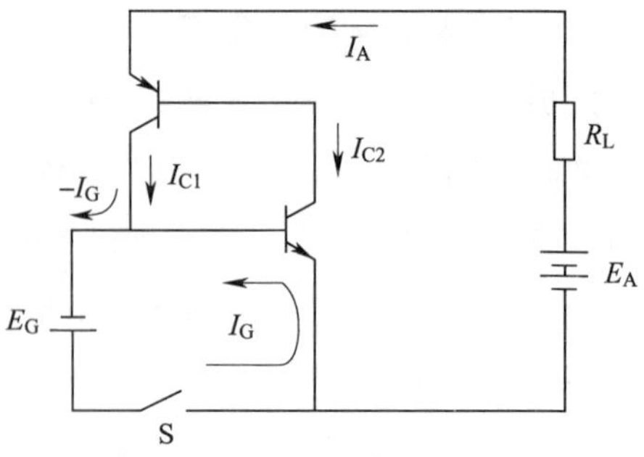

图 3—4　GTO 等效电路图

2. 绝缘栅双极晶体管（IGBT）

绝缘栅双极晶体管（Insulated Gate Bipolar Transistor）简称 IGBT，是 20 世纪 80 年代出现的新型复合器件。它将金属氧化层半导体场效晶体管（MOSFET）和电力晶体管（GTR）的优点集于一身，既具有输入阻抗高、工作速度快、热稳定性好和驱动电路简单的特点，又有通态电压低、耐压高和承受电流大等优点，因此发展很快。目前，IGBT 的研制水平可达到 4 500 V、2 500 A。IGBT 未来的发展趋势是高电压、低损耗，并趋向于将控制和数控逻辑集成于一体，将散热器也引入功率模块。

（1）IGBT 工作原理。IGBT 的结构剖面如图 3—5 所示。IGBT 是在功率 MOSFET 的基础上增加了一个 P^+ 层发射极，形成 PN 结 J_1，并由此引出集电极 C，栅极 G 和发射极 E。IGBT 的图形符号如图 3—6 所示。

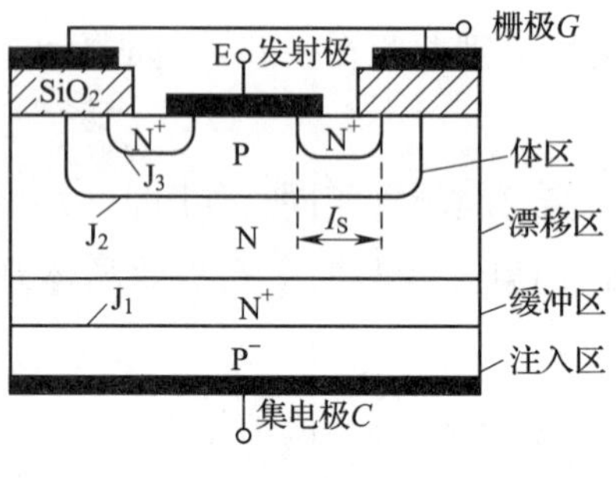

图 3—5　IGBT 结构分割图

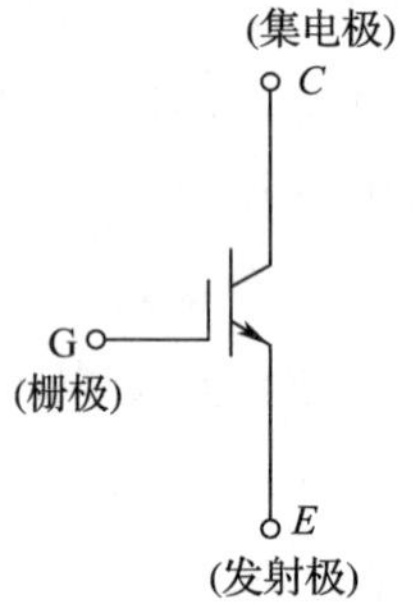

图 3—6　IGBT 的图形符号图

IGBT 的开通和关断是由栅极电压来控制的。栅极施以正电压时，给 PNP 晶体管提供基极电流，从而使 IGBT 导通。在栅极上施以负电压时，PNP 晶体管的基极电流被切断，IGBT 即为关断。

（2）IGBT 的栅极驱动电路。根据 IGBT 的特性，其对驱动电路的要求如下：

1）提供适当的正反向输出电压，使 IGBT 能可靠地开通和关断。当正偏压（$+U_{GE}$）增大时，IGBT 通态压降和开通损耗均下降，但若 U_{GE} 过大，则负载短路时其 I_C 随 U_{GE} 增大而增大，对其安全不利，一般 $+U_{GE}$ 选 +12 ~ +15 V 为最佳；负偏电压（$-U_{GE}$）可防止由于关断时浪涌电流过大而使 IGBT 误导通，但其受 G、E 极间最大反向耐压限制，一般取 −5 ~ −10 V。

2）IGBT 的开关时间应综合考虑。快速开通和关断有利于提高工作频率，减小开关损耗。但在大电感负载下，IGBT 的开关时间不宜过短，原因在于高速开通和关断会产生很高的尖峰电压，极可能造成 IGBT 自身或其他元件被击穿。

3）IGBT 开通后，驱动电路应提供足够的电压、电流幅值，使 IGBT 在正常工作及过载情况下不至于退出饱和而损坏。

4）驱动电路应具有较强的抗干扰能力及对 IGBT 的保护功能。IGBT 为压控型器件，当集射极加高压很容易受外界干扰，使栅射电压超过 U_{GE} 引起器件误导通。为了提高抗干扰能力，除驱动 IGBT 的触发引线应尽量短且应采用双绞线或屏蔽线外，还应在栅射极间并联栅射电阻。信号控制电路与驱动电路之间应采取抗干扰能力强、传输时间短的高速光电耦合器件加以隔离。

3. 智能型器件 IPM

IPM（Intelligent Power Module）是 IGBT 智能化功率模块，它将 IGBT 芯片、驱动电路、保护电路和钳位电路等封装在一个模块内，不但便于使用而且大大有利于装置的小型化、高性能化和高频化。

（1）IPM 的结构。IPM 的结构框图如 3—7 所示，这是由两个 IGBT 组成的桥路，集射极间并有续流二极管。IGBT 为双发射极结构，其中小发射极是专为检测电流而设的，流过它的电流为集电极电流的 1/1 000 ~ 1/20 000，取样电阻 R 上的电压作为电流信号，该信号分别引入过电流和短路保护环节，从而精确可靠地保护 IGBT 芯片。另外由于 IPM 模块结构使其内部布线短且合理，故线路的杂散电感可忽略，避免其误导通，而无须栅射极间的反向偏置。

（2）IPM 的特性

1）IPM 设有过流和短路保护、欠电压保护，当工作不正常时，通过驱动电路封锁 IGBT 的栅极信号同时发出报警信号；过热保护是通过设置在 IPM 基板上的热敏器件检测 IGBT 芯片温度，当温升超过报警额定值时，通过驱动电路封锁栅极信号并报警。

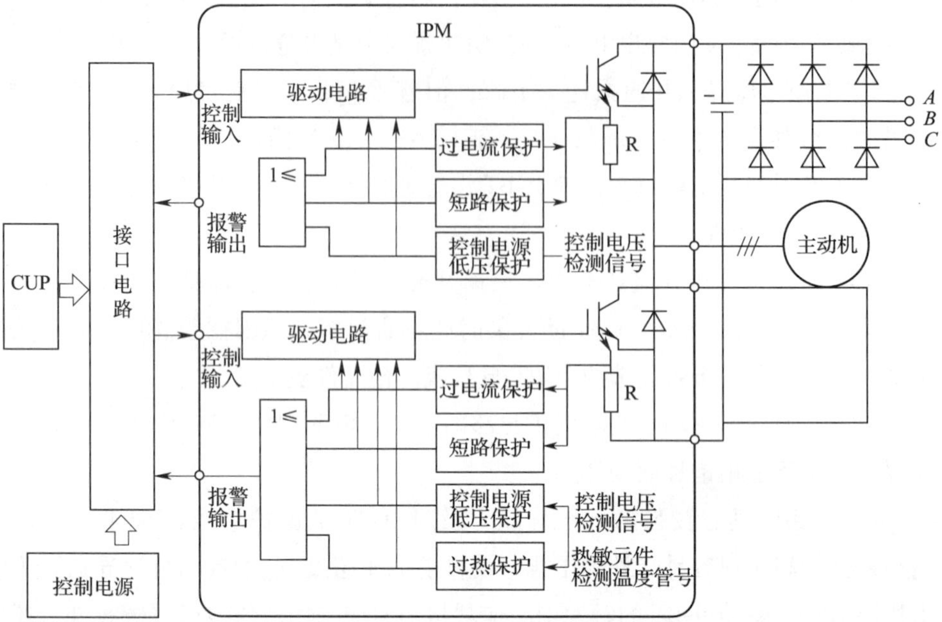

图 3—7　IPM 的结构框图

2）控制系统和 IPM 的接口一般采用光电耦合器隔离，为了防止干扰产生的误动作，模块还设有干扰滤波器。

3）IPM 的容量主要由模块中的 IGBT 决定，目前 IPM 的电流容量可达到 10 ~ 600 A，电压有 600 V 和 1 200 V，能控制 100 W 到 100 kW 的电动机。

由此可见，智能型器件 IPM 的优点是很明显的，而且已被越来越广泛的领域所采用。上海地铁 AC－01 和 AC－02 型电动列车的辅助逆变器已在多处使用了 IPM 模块。

技能要求

排除列车升弓后 I 单元 C（MP）¯车辅助逆变器不工作故障

操作要求

1. 正确选用所需的工具。
2. 正确找到故障点。
3. 正确排除故障。
4. 作业结束后，整理工具、器具清场。

5. 所有作业须严格按照实训安全规范操作。

操作步骤

SIEMENS 车型

步骤 1　确认列车处于得电状态（否则打开主控制器钥匙，启车）。

步骤 2　检查 I/C 车辅助逆变器是否被切除，空气开关 31－F01 是否跳开。

步骤 3　读取辅助逆变器故障，故障代码为 203（熔丝 F1 故障）。

步骤 4　打开 PDAREAD 软件，进入 SETTINGS 到 CAR TO READ 编写车辆号（见图 3—8）。

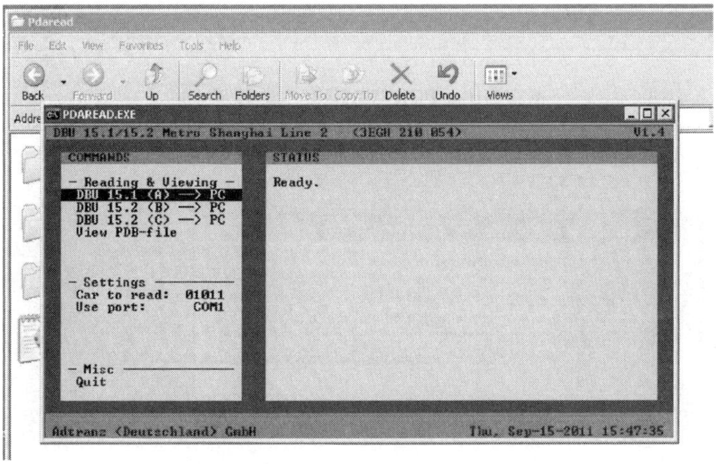

图 3—8　PDAREAD 软件操作界面 1

步骤 5　下载当节列车故障（见图 3—9）。

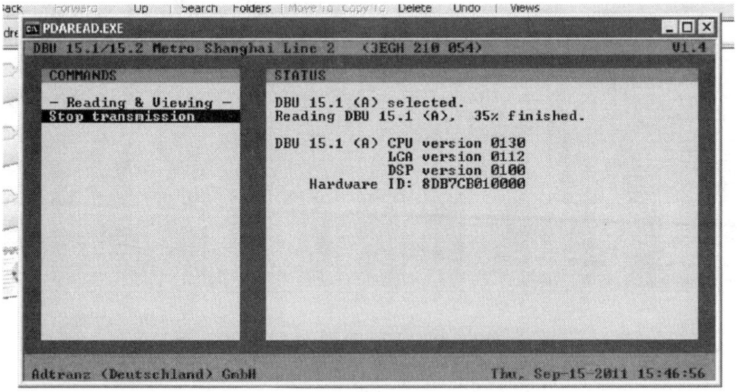

图 3—9　PDAREAD 软件操作界面 2

步骤 6　下载完毕后，进入 VIEW PDB－FILE 查看故障（见图 3—10）。

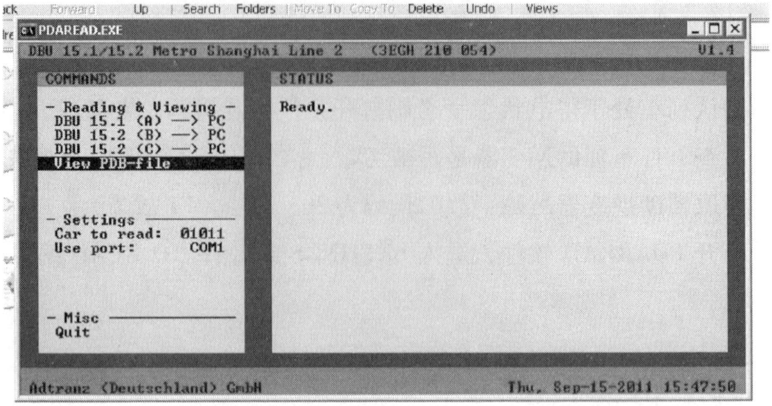

图 3—10　PDAREAD 软件操作界面 3

步骤 7　进入当前列车下载故障文档（见图 3—11）。

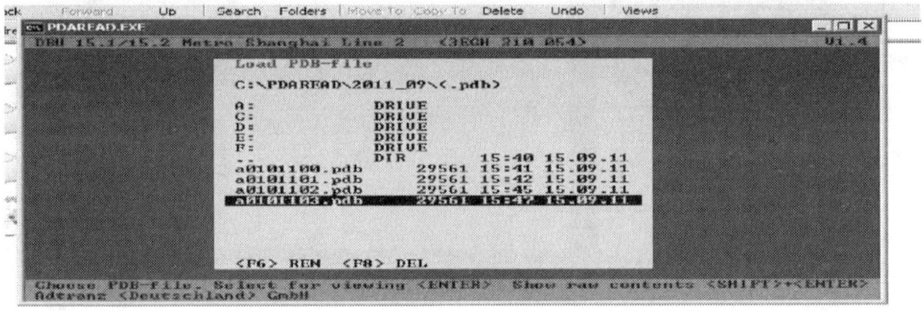

图 3—11　PDAREAD 软件操作界面 4

步骤 8　读取当前所有故障，查看到故障点为 F1 熔丝故障（见图 3—12）。

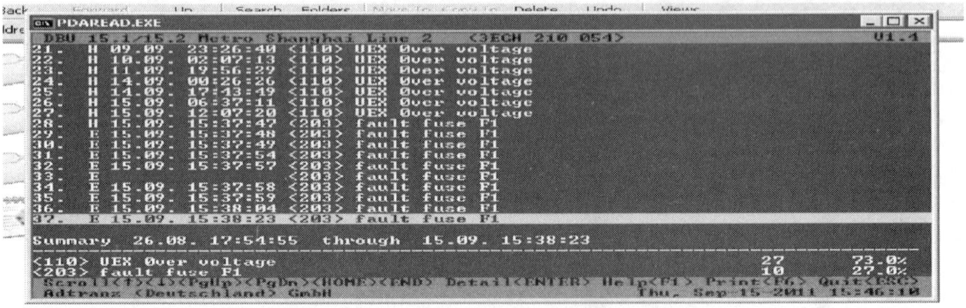

图 3—12　PDAREAD 软件操作界面 5

步骤 9　检查发现熔丝已经熔断，更换熔丝（2 000 V/160 A）。

步骤 10　整理工具清场，操作完成。

ALSTOM 车型

步骤 1　确认列车处于得电状态（否则打开主控制器钥匙，启车）。

步骤 2　查看司机显示器上“操作界面”及“事件及记录”内的信息，判断故障类型及具体位置。

步骤 3　检查客室内辅助逆变器的控制电源开关 AICB 是否被切除或断开，CVS 箱内 AGATE AUX 上部的 S1 电源开关被切除。

步骤 4　用带 MMAP 软件的 PC 读取故障，并分析故障（故障为：Input b1oc under-voltage）。

步骤 5　根据故障分析输入低电压的原因（一般由高压熔断器开路或线路电压监测装置故障引起）。

步骤 6　收车，按安全规范打开 I/MP 车牵引箱盖板，确认 I/MP 车牵引箱内的 AF2 是否完好。

步骤 7　采用并联接线引出法，在重新升弓后检测，线路电压监测装置 LVMD 的工作电源是否正常（±15 V　DC），measure 输出是否正常（应变为 2.5 V　DC 左右）。

步骤 8　检查发现线路电压监测装置 LVMD 无输出信号，更换后正常（见图 3—13）。

图 3—13　线路电压监测装置 LVMD

步骤 9　关好箱盖板，复位相关接地开关。

步骤 10　整理工具清场，操作完成。

3.2　主蓄电池

学习目标

完成本节的学习后，您能够：

1. 熟悉城轨电动列车主蓄电池的功能
2. 掌握城轨电动列车主蓄电池的化学特性
3. 了解城轨电动列车主蓄电池的使用

知识要求

3.2.1　主蓄电池的功能

列车启动时，主蓄电池为电气设备提供直流电源，直至列车辅助逆变器正常工作。列车运行时，主蓄电池则处于浮充电状态。在列车运行过程中，若整列车失去高压电源时，主蓄电池的容量也能够：

1. 为下列负载提供45 min的电能：

——紧急照明

——列车控制和监视设备

——通信设备

——头灯及尾灯

——紧急通风

2. 在为以上负载提供45 min的电能外，还要求能打开或关闭车门一次。

3. 这样列车在失去高压的紧急状况下，主蓄电池保证了列车上的必要设备能继续工作，保障了列车的安全性能。

3.2.2　主蓄电池的化学特性

镍镉电池充放电反应可表述如下：

负极：$Cd + 2OH^- \underset{充电}{\overset{放电}{\rightleftharpoons}} Cd(OH)_2 + 2e$

正极：$2NiOOH + 2H_2O + 2e \underset{充电}{\overset{放电}{\rightleftharpoons}} 2Ni(OH)_2 + 2OH^-$

总反应：$Cd + 2NiOOH + 2H_2O \underset{\text{充电}}{\overset{\text{放电}}{\rightleftharpoons}} 2Ni(OH)_2 + Cd(OH)_2$

3.2.3　镍镉电池的性能特点

镍镉电池具有使用寿命长（充放电循环周期高达数千次），机械性能好（耐冲击和振动），自放电小，低温性能好（-40℃）等优点，被广泛应用于各个领域。

3.2.4　在使用维护镍镉电池前的注意事项

1．不要敲拆、砸毁或焚烧电池，否则会飞溅出腐蚀性碱液伤人甚至引起爆炸。

2．不允许在电池上放置金属工具或其他器具，否则会使电池急放电而过热，损坏电池。

3．充电前打开气塞盖或将闷塞换成通气塞，带有闷塞的电池充电会发生气胀而有可能引起电池爆炸。

4．充电场所应保持通风，防止氢氧气体积累发生爆炸事故。

5．不允许有明火接近充电电池。

6．电解液是腐蚀性较强的碱性溶液，手或其他部位的皮肤接触电解液后，应立即用硼酸水冲洗。

3.3　辅助控制系统

学习目标

完成本节的学习后，您能够：

1．掌握城轨电动列车辅助控制系统的原理

2．掌握城轨电动列车辅助控制系统的控制方式

3．能够熟练对车门、空调、应急照明等较难故障进行处理

知识要求

3.3.1　辅助逆变器控制

1．A车逆变器的启动方式（参见综合线路图31-08，31-09，31-10，31-11）

A车逆变器有两种启动方式：正常启动和应急启动。

（1）正常启动需要以下条件（1 500 V　DC）：

1）高压 1 500 V　DC 正常。

2）列车控制接通继电器（72 – K02）线圈得电，常开触点 13 – 14 闭合。

3）本车逆变器切除旋钮开关未处于切除位置，常闭触点 21 – 22 闭合。

4）主电池转换开关盒主闸刀辅助触点（32 – A01 – Q01 – S01）13 – 14 闭合。

（2）应急启动需要以下条件：

1）高压 1 500 VDC 正常。

2）逆变器紧急启动按钮（31 – S02）被按下，常开触点 13 – 14 和 43 – 44 闭合。

3）本车逆变器切除旋钮开关未处于切除位置，常闭触点 21 – 22 闭合。

4）主电池转换开关盒主闸刀辅助触点（32 – A01 – Q01 – S01）13 – 14 闭合。

逆变器启动时会产生信号，用以通知 CCU 逆变器启动信息。当逆变器启动成功，它会从 31 – A01 的 A4 输出一个高电平，使逆变器三相输出接触器（31 – K02）的线圈得电，常开触点 13 – 14 闭合，这样 CCU KLIP 子站输入 E111_00（A 车逆变器允许接通负载）就检测到一个高电平，从而可以判断出逆变器启动成功。如果 CCU KLIP 子站输入 E111_01 上为低电平，则说明 A 车逆变器故障；而如果 CCU KLIP 子站输入 E111_02上为低电平，则说明电池充电/电池负载故障。

2. B、C 车逆变器启动，故障和交流输出电路（综合线路图 31 – 05）

由于 B 车和 C 车这部分图纸是类似的，所以这里只以 B 车为例进行介绍。要使 B 车逆变器启动的条件主要有：

（1）高压 1 500 V　DC 正常。

（2）列车控制接通继电器（72 – K02）线圈得电，常开触点 13 – 14 闭合。

（3）本车逆变器切除旋钮开关未处于切除位置，常闭触点 21 – 22 闭合。

和 A 车不同，B 车逆变器启动信号的建立还要靠 SIBAS KLIP 分站的输出 A126_04，输出一个高电平起到输出驱动的作用。一旦逆变器启动成功，就会从输出 8 输出一个高电平，用以驱动接触器工作控制辅助继电器（31 – K02. 1）的线圈得电，其常开触点 13 – 14、23 – 24、33 – 34 和 43 – 44 闭合，这样逆变器三相输出接触器（31 – K02）的线圈得电，常开触点 13 – 14 闭合，SIBAS KLIP 子站的输入 E121_00（B 车逆变器允许接通负载）就会就检测到一个高电平，从而可以判断出逆变器启动是否成功。如果 CCU KLIP 子站输入 E121_01 上为低电平，则说明 B 车逆变器故障。

3. 中压并网供电技术

尽管并网供电技术在供电行业已运用多年，但该项技术在地铁中压供电环节仍是近两年刚引入的新概念。随着列车运营可靠性等级和乘客对舒适度要求的不断提高，原有中压供电技术已无法完全适应现有的技术要求，随着中压供电技术的引进，中压供电系统的可利用率将得到大幅提升。

在短短几年内，西门子、阿尔斯通和日立等三大整车供应商先后开发了各有特色的中压并联供电网络，同时配合列车控制系统（TCMS），从技术层面很好地解决了并网供电中的不稳定因素，并对各降级模式下的应急处理模式也有了更为合理的定义。

和原有中压供电模式相比，并网供电技术的最大优势在于供电系统在降级模式下可以配合列车控制系统（TCMS）使负载的利用率达到最高。尤其在夏、冬两季，单个辅助逆变器发生故障时，仍可通过其余辅助逆变器的容量确保所有空调系统仍完好运行，使乘坐舒适性得到进一步保证。

（1）原有中压供电模式状况分析

1）交叉供电模式（见图3—14）。交叉供电网络是中压供电系统中一种常用供电模式，该模式一般由两台辅助逆变器和两条中压母线组成，每台辅助逆变器独立连接在一条中压母线上，即该中压母线上的负载供电全部依赖于该辅助逆变器。

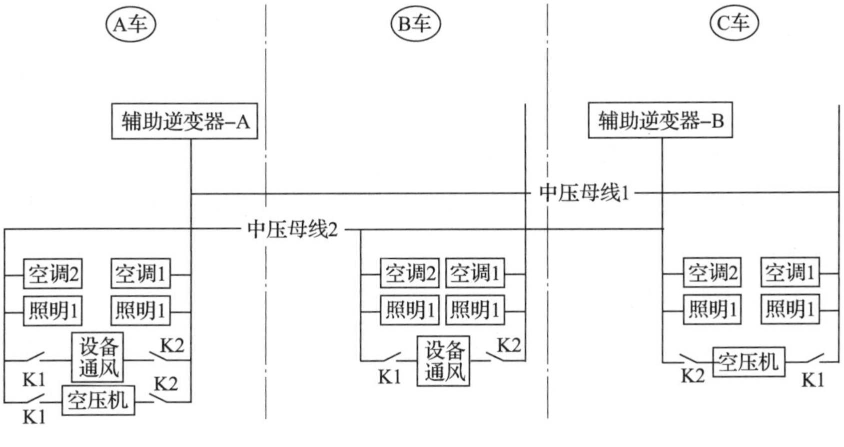

图3—14　交叉供电网络

这种供电模式单从连接和控制方式来看都非常简便，无须TCMS系统配合便可独立完成各自区段的供电任务。然而这种供电模式在原有列车中的应用已不能完全满足现有的要求，当辅助逆变器发生出现故障时，相关供电区域的负载设备都将无法工作。尤其是空气压缩机的损失会对列车的可靠运行产生严重影响；而在夏、冬两季，空调系统的损失比率也相当高，乘坐舒适度会有明显下降。

2）分段供电模式（见图 3—15）。分段供电网络是中压供电系统中另一种常用供电模式，该模式一般由两台辅助逆变器、两条中压母线和一部中压母线接触器组成。每台辅助逆变器都连接在各自中压母线上。在正常模式下，中压母线接触器处于分断位，即两台辅助逆变器独立在各自供电区段中对负载进行供电；当任何一台辅助逆变器故障时，TCMS 系统会驱动中压母线接触器闭合，使两条中压母线连通，同时配合 TCMS 系统对负载进行分配，剩余的辅助逆变器可对全列车范围内关键系统的负载进行供电。

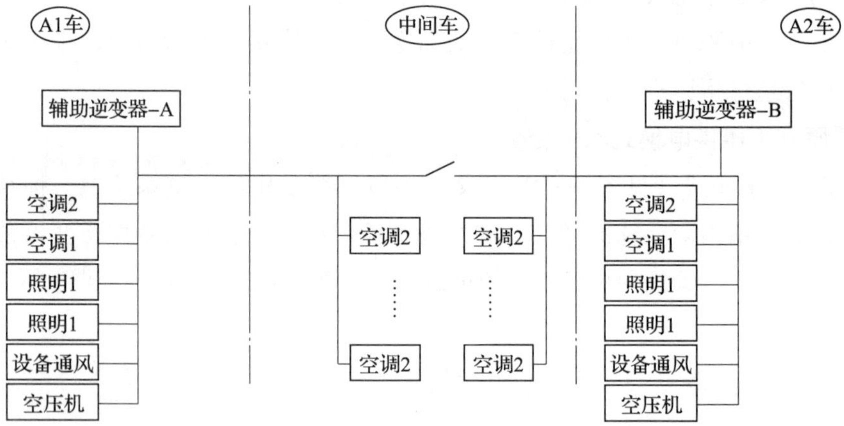

图 3—15　分段供电网络

这种供电模式其实是并网供电模式的反逻辑，平时各自独立供电，无须并网过程，控制简便，然而该供电模式在辅助逆变器发生故障时，负载收到的冲击较大，会经历一个非常规的启停过程，设备比较容易损坏。

（2）各种供电模式技术状况对比

1）负载状况对比。以 6 节编组列车（4 台辅助逆变器）为例，当 2 台辅助逆变器发生故障时，通过下列不同供电模式负载状况比对，可以清晰地看出各种供电模式的优劣所在。

——交叉供电模式。表 3—1 表明，交叉供电模式在 2 台辅助逆变器发生故障时，损失半组列车的所有中压负载，其中主要包括空调、空气压缩机和设备通风等，降级模式下工况相对比较恶劣。

表 3—1　　交叉供电负载分配表

负载（kVA）	功耗	A 车	B 车	C 车	C 车	B 车	A 车
		数量	数量	数量	数量	数量	数量
照明	0.05	0	0	0	20	20	20
客室空调压缩机	21.50	0	0	0	2	2	2
客室空调风机	6.00	0	0	0	2	2	2
空气压缩机	9.60	0	0	0	1	0	0
设备通风	4.50	0	0	0	1	1	0
其他（插座等）	2.00	0	0	0	1	1	1
功耗汇总（kVA）		0	0	0	72.1	62.5	58
总功耗			0			192.6	
辅助逆变器容量（kVA）		0		0	130		130
辅助逆变器总容量（kVA）			0			260	
辅助逆变器余量（kVA）			0			67.4	

——分段供电模式。表 3—2 表明，分段供电模式在 2 台辅助逆变器发生故障时，损失 9 台空调机组，其他设备完好，降级模式下的工况较之交叉供电有很大改善。

表 3—2　　分段供电负载分配表

负载（kVA）	功耗	A 车	B 车	C 车	C 车	B 车	A 车
		数量	数量	数量	数量	数量	数量
照明	0.05	20	20	20	20	20	20
客室空调压缩机	21.50	0	0	0	0	1	2
客室空调风机	6.00	2	2	2	2	2	2
空气压缩机	9.60	0	0	1	1	0	0
设备通风	4.50	0	1	1	1	1	0
其他（插座等）	2.00	1	1	1	1	1	1
功耗汇总（kVA）		15	19.5	29.1	29.1	41	58
总功耗（kVA）		31.8		31.8	56.05		64.05
辅助逆变器容量（kVA）		0		0	130		130
辅助逆变器总容量（kVA）				130			130
辅助逆变器余量（kVA）				2.35			65.95

——并网供电模式。表 3—3 表明，并网供电模式在 2 台辅助逆变器发生故障时，损失 6 台空调机组，其他设备完好，降级模式下的工况较之分段供电又有了进一步提升。

表 3—3　　并网供电负载分配表

负载（kVA）	功耗	A 车	B 车	C 车	C 车	B 车	A 车
		数量	数量	数量	数量	数量	数量
照明	0.05	20	20	20	20	20	20
客室空调压缩机	21.50	1	1	1	1	1	1
客室空调风机	6.00	2	2	2	2	2	2
空气压缩机	9.60	0	0	1	1	0	0
设备通风	4.50	0	1	1	1	1	0
其他（插座等）	2.00	1	1	1	1	1	1
功耗汇总（kVA）		36.5	41	50.6	50.6	41	36.5
总功耗（kVA）		256.2					
辅助逆变器容量（kVA）		0		0	130		130
辅助逆变器总容量（kVA）		260					
辅助逆变器余量（kVA）		3.8					

2）其他性能对比。除了供电冗余能力外，也可从控制、故障处理能力和维护等多角度比较各供电模式的优劣所在。

从表 3—4 中不难看出，并网供电由于引入了 TCMS 系统共同参与并网过程，从控制难度来讲，相对交叉供电和分段供电有不小的提升；故障处理能力，由于并网供电和分段供电是组反逻辑关系，难度相当；而生产和维护方面，并网供电模式的优势又有所体现，尤其和交叉供电相比，整整少了一根列车线，生产和维护难度大大降低。

表 3—4　　各种供电模式性能对比

	交叉供电方式	分段供电方式	并网供电方式
冗余能力	★	★★	★★★
控制简便	★★★	★★	★
故障处理能力	★★★	★★	★★
生产维护易用性	★	★★	★★★

（3）不同中压并网供电技术介绍

1）西门子中压并网供电技术

——列车配置（图 3—16）。所有车配备一台辅助逆变器并连接在一条贯穿全车的中压母线上并列运行。以6节编组列车为例，共配备6台辅助逆变器，所有辅助逆变器的硬件配置及控制方式一致，启动顺序为“随机”，所有逆变器不分主从，出于多种考虑中压母线上没有配备接触器，即各个供电区间不能分开，永远并联在中压网络上。

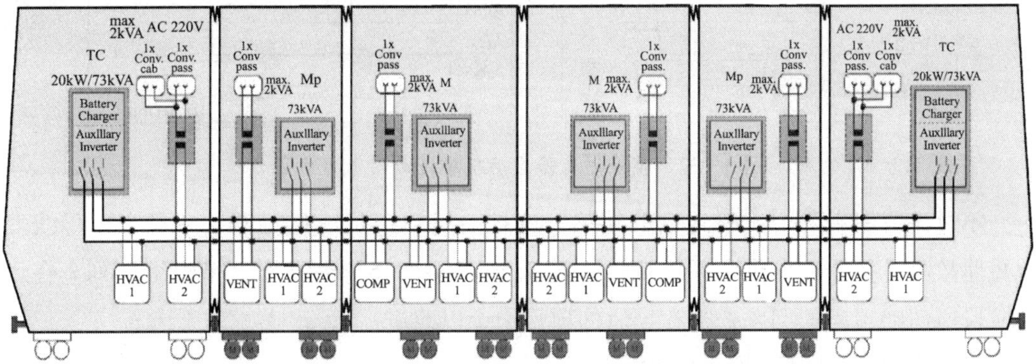

图3—16　西门子6节编组中压网络配置

西门子推荐的并网供电方案中，所有辅助逆变器均为电压控制型，即通过输出电压传感器采集并联中压网络上的电压进行并网同步及反馈闭环控制，并且各个逆变器相互独立，不分主从。

——并网过程。一旦满足启动条件，所有逆变器开始自检，自检通过后开始并网过程。

并网过程简单分为2种情况，逆变器检测中压母线是否存在电压，如无电压，则该逆变器立即合上输出接触器，决定中压网络电压情况；如有电压，则该逆变器立即通过检测母线情况进行内部同步，一旦达到并网条件立即合上输出接触器。逆变器的控制，包括同步控制、输出控制等都是独立由本机的控制单元SIBMON完成的，各逆变器单元不需要进行信息交换。在这种控制方案下，单一或多个逆变器故障脱离网络响应极快，几乎不被察觉，负载的限制由列车控制系统自动完成。

从西门子方案中可以看出，辅助逆变器的启动顺序是随机的，两次启动的顺序不同。一旦启动指令给出后，逆变器将随机启动。一般情况下，第一个逆变器启动到所有启动完成的时间小于10 s（见图3—17）。

——故障检测。辅助逆变器中包括了单相接地故障的检测，在此情况下故障信息将送到司机显示器；如果系统中某个用电部件发生相间短路，保护器件（微型断路器或熔断器或电动机保护接触器）将切除该短路部件；如果辅助逆变器控制检测到一个辅助逆变器发生相间短路，该受影响的辅助逆变器将通过其输出接触器从中压母线上被切除。

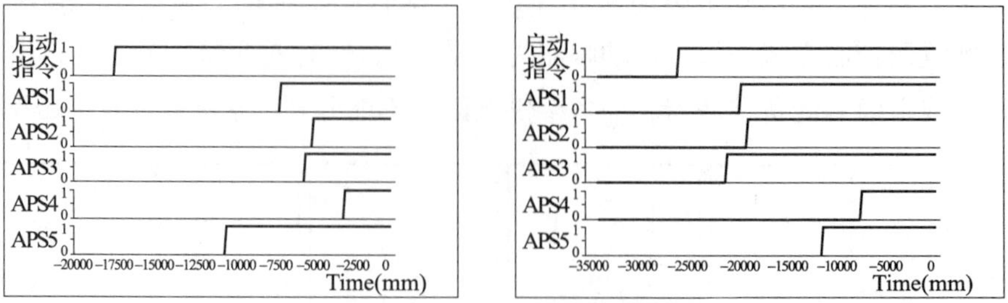

图 3—17　辅助逆变器启动顺序（西门子方案）

不过该方案有一个比较致命的缺陷，就是缺乏中压母线接触器，一旦中压母线发生短路故障，整个中压供电系统就将瘫痪，这是现有“6 节编组改 8 节编组”列车在设计阶段所忽略考虑的问题，需在今后的项目中予以改进。

2）阿尔斯通中压并网供电技术

——列车配置（见图 3—18）。多台辅助逆变器连接在一条贯穿全车的中压母线上并列运行，所有辅助逆变器的硬件配置及控制方式基本一致，仅在启动顺序上有所区别。正常状况下，第一台辅助逆变器称为“主机”。以 8 节编组为例，中压母线根据辅助逆变器的数量分成 4 个供电区间，每 2 节车组成一个供电单元，2 个供电区间之间使用中压母线接触器连接。

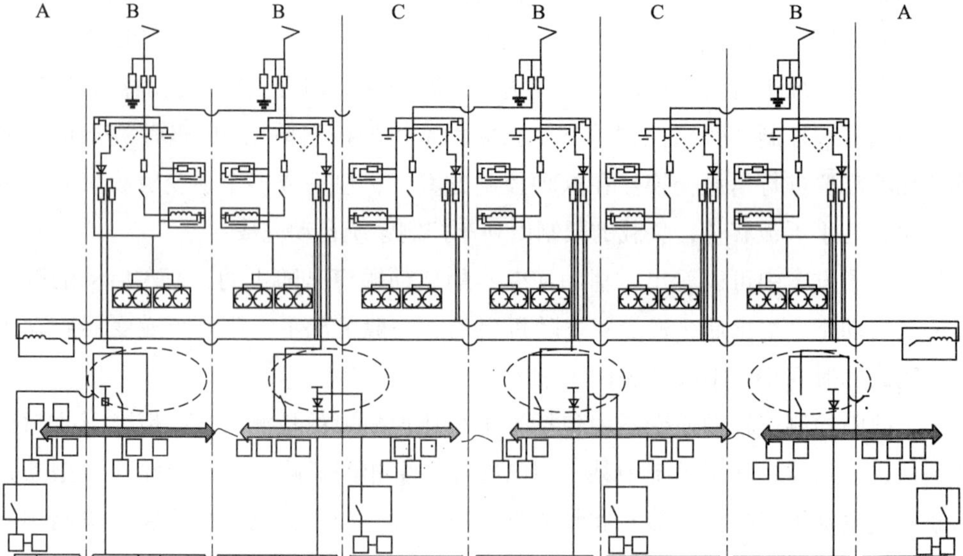

图 3—18　阿尔斯通 8 节编组中压网络配置

——并网过程。阿尔斯通推荐的并网供电方案中，所有辅助逆变器均为电压控制型，即通过输出电压传感器采集中压母线上的电压，进行并网同步及反馈闭环控制；在最初启动阶段，所有中压母线接触器都处于打开状态。每台辅助逆变器进行自检并启动，同时三相输出接触器短暂闭合以检测自身供电区段是否存在短路情况，但此时TCMS仍控制负载不启动；当辅助逆变器自检完成后将开始同步过程。

所有逆变器自检通过后，第一台辅助逆变器自动成为“主机”，其输出状况决定了中压母线网络的电压、相位与频率，其余的3台辅助逆变器将进行同步跟随。

母线接触器的闭合过程遵循“从左至右”的原则（见图3—19）。主机CVS1三相输出后，闭合母线接触器1；CVS2同步后三相输出，闭合母线接触器2；CVS3同步后三相输出，闭合母线接触器3；CVS4同步后三相输出，实现并网。整个并网过程历时约8 s，并网实现后，整个中压网络中的辅助逆变器地位同等（见图3—20）。

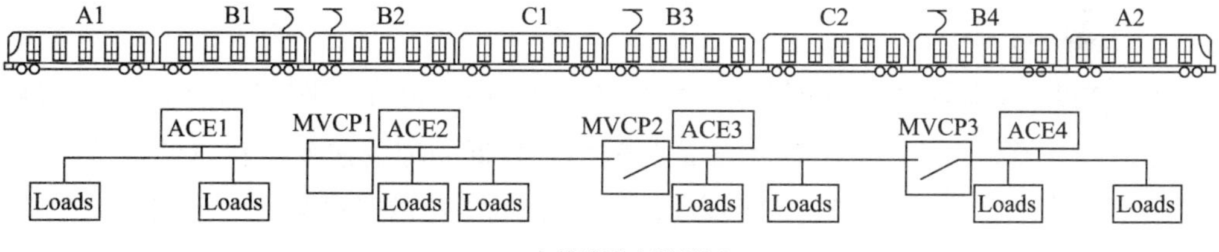

2个辅助逆变器并网

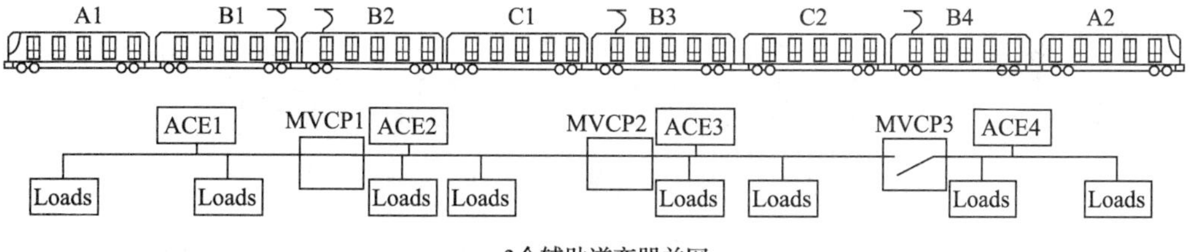

3个辅助逆变器并网

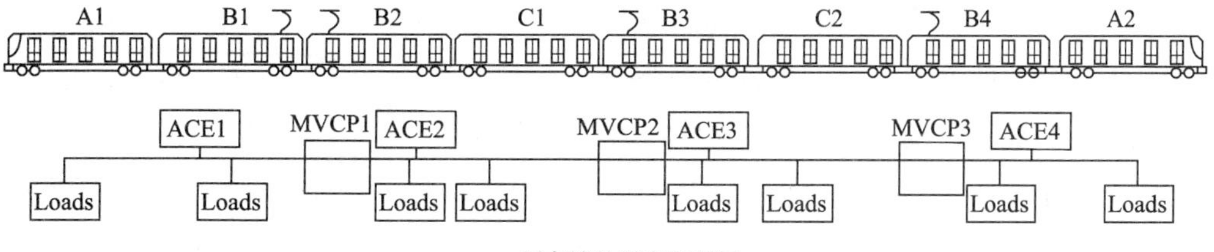

所有辅助逆变器并网

图3—19 辅助逆变器启动顺序（阿尔斯通方案）

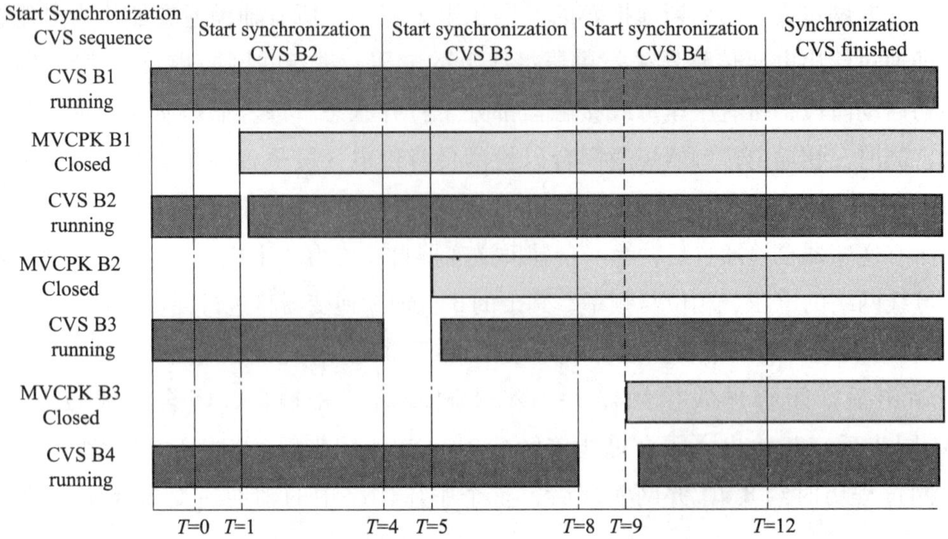

图 3—20　中压并网过程（阿尔斯通方案）

——故障检测

A. 辅助逆变器故障（并网前）：并网控制启动前，每台辅助逆变器均有自检过程，若在该阶段，有辅助逆变器因故无法正常输出，临近的辅助逆变器将自动接管故障辅助逆变器的供电区段，TCMS 系统将自动闭合临近的中压母线接触器（见图 3—21）。

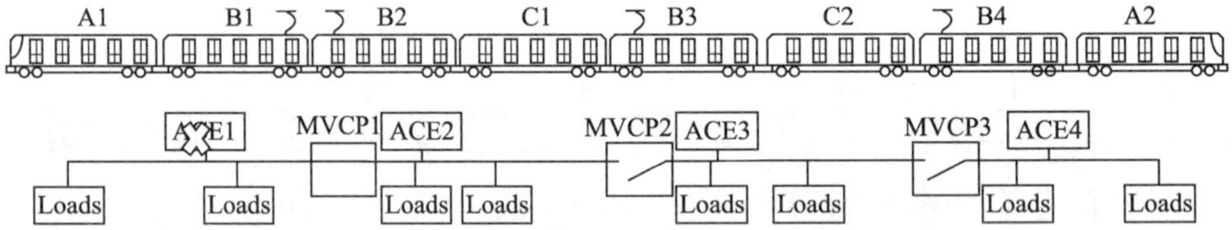

图 3—21　辅助逆变器故障检测（并网前）

B. 辅助逆变器故障（并网完成后）：完成并网控制之后，每台辅助逆变器的电压传感器实时比较自身输出变量与中压母线网络中的相关参数，若在规定时间内检测到某个辅助逆变器的输出与中压母线的波形存在偏差，且超出允许范围，该辅助逆变器将自动关断三相输出接触器，使其从中压母线网络隔离。

原有的中压同步并不被打断，此时 TCMS 将根据剩余的辅助逆变器容量，启动允许的负载数量。由于中压负载中空调是头号耗电系统，所以当单个辅助逆变器发生故障时，TCMS 系统仅临时关断所有空调的压缩机，而空气压缩机、照明、设备通风等仍可维持正常工作。以 8 节编组为例，当单个辅助逆变器发生故障时，仅关闭一台空调机组的压缩机；2 个发生故障时，全车进入半制冷状态；3 个发生故障时，全车进入正常通风状态。在任意情况下，只要有单个辅助逆变器保持正常工作，空气压缩机、照明、设备通风等均可维持正常工作。

C. 中压母线短路（并网完成后）：若列车在运行过程中，中压母线发生局部短路，所有辅助逆变器将自动断开三相输出接触器，关断负载，同时 TCMS 也将接收来自辅助逆变器的过流反馈信号，断开中压母线接触器。之后，每个辅助逆变器独立对自身的供电区段进行自检，若在检测过程中，发现某个供电区段确实存在短路过流现象，则相应供电区段相邻的中压母线接触器，将由 TCMS 保持断开状态，使短路区段从供电网络中隔离。其余供电网络仍可实现局部并网或分段供电（见图 3—22）。

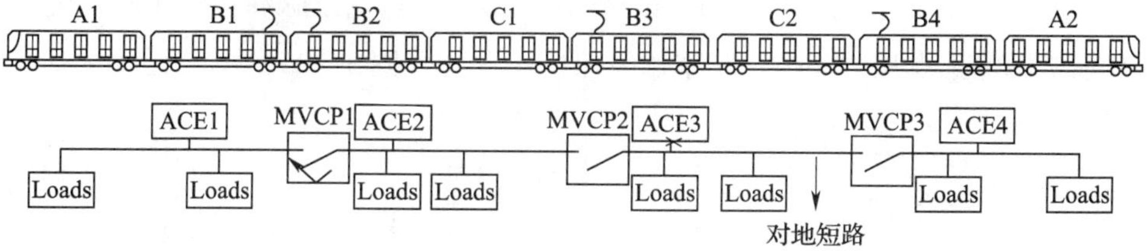

图 3—22　中压母线短路检测

3）日立中压并网供电技术

——列车配置（图 3—23）。多台辅助逆变器（SIV）连接在一条贯穿全车的中压母线上并列运行，以 7 节编组为例，共配备 3 台辅助逆变器。辅助逆变器以 1 + N 的方式工作（即一个主机，N 个辅机），中压母线根据辅助逆变器的数量分成 3 个供电区间，2 个区间之间使用接触器连接，通过专用通信线，在辅助逆变器间进行并列控制需要的数据通信。

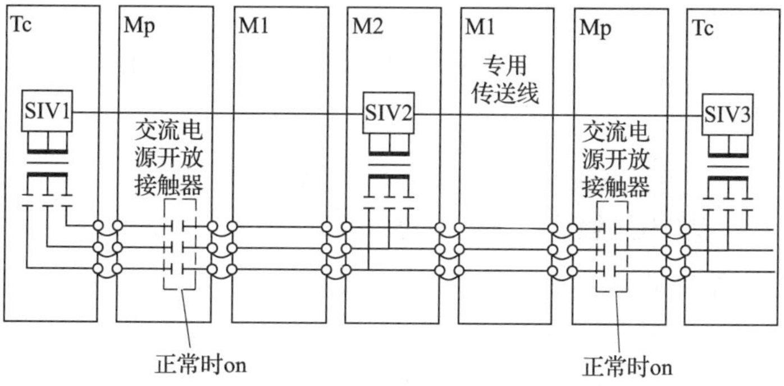

图 3—23　日立 7 节编组中压网络配置

日立推荐方案中，主机为电压控制型，以母线电压作为反馈进行闭环控制；辅机为电流控制型，以主机的输出电流作为反馈进行闭环控制。主机决定中压母线的电压、频率和相位，通过专用通信线控制辅机，使所有中压负载均等分摊到所有辅助逆变器。

——并网过程。中压网络上的所有接触器在正常状况下均保持闭合状态，主机先启动决定了网络电压。当辅机满足同步条件后，逐步并联到中压网路。

主机先启动，控制输出电压保持 380 V。辅机检测出主机的线间输出电压从负侧到正侧的极性反转点（零交叉点）。辅机检测零交叉点使输出电压的相位、频率与主机的输出一致（见图 3—24）。

辅机通过 10 ms 的扫描周期确认输出电压的零交叉点输出脉冲，从而使主机的输出电压与辅机的输出电压的相位、频率始终保持一致（见图 3—25）。

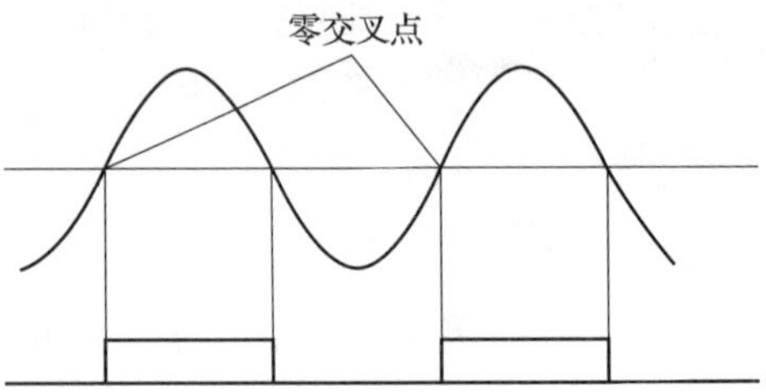

图 3—24　零点交叉控制

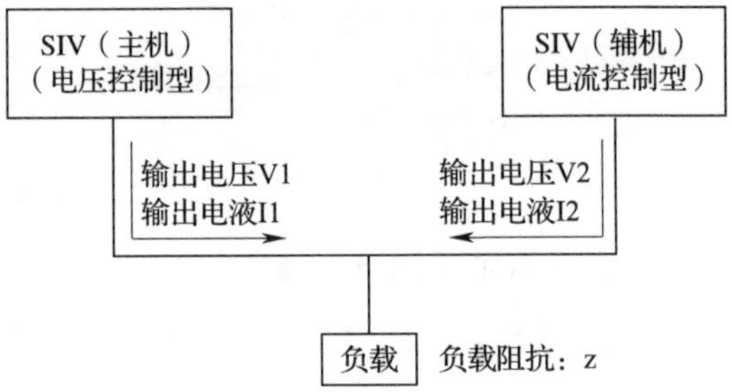

图 3—25　电流控制负载均衡

V1 = Z × I1，V2 = Z × I2；

主机：V1 = 380 V（电压控制），辅机：I2 = I1（电流控制）；

V2 = Z × I2 = Z × I1 = V1 = 380 V。

辅机进行电流控制，因此实现主机与辅机的负载均等，同时能够实现辅机输出电压保持 380 V。

日立方案中采用顺序启动的方式，即主机先启动，而后辅机 1，再辅机 2。主机内部启动稳定后，三相输出接触器闭合，对母线输出中压，主机开始启动 5 s 后，辅机 1 开始启动，主机开始启动 10 s 后，辅机 2 开始启动。所有三台辅助逆变器启动共需约 12 s 时间。接触器通常闭合，能够通常进行并列运行。

——故障检测。主机发生故障时，辅机电流控制型切换为电压控制型（即辅机 1 成为主机），控制输出电压保持一定，此时，断开主机，降低负载；辅机发生故障时，主机以电压控制进行常规控制，此时，断开辅机，降低负载。

如果电源线发生接地故障的情况，接触器将断开。发生接地故障的辅助逆变器停止，另2台正常的辅助逆变器继续运行。

3.3.2 公共广播系统（综合线路图45－01到45－03）

广播放大器启动的条件是列车控制接通得电，常开触点3－11闭合。客室广播/0位/司机对司机通话的自动复位旋钮开关（45－S01）的常开触点43－44闭合进行客室广播，而常开触点13－14闭合进行司机对司机通话。

A车广播放大器的得电为以下任一条件：

（1）连挂牵引继电器（22－K41）的线圈得电，常开触点13－14闭合。

（2）列车控制接通继电器（22－K03）线圈得电，常开触点13－14闭合。

（3）控制列车紧急继电器（22－K03）的线圈得电，常开触点13－14闭合。

如果A车广播放大器发生故障，它将输出一个信号到SIBAS KLIP分站1的E112_07。

B、C车广播放大器的得电条件与故障情况与A车基本相似，这里就不再介绍了。

列车自动报站器所报站的信息编码由SIABS KLIP分站输出，输出信号为A117_00到A117_07。

3.3.3 照明系统控制

1. 客室应急照明（综合线路图52－01，52－02，55－01到55－03）

（1）客室应急照明的接通。司机把客室照明接通/0位/客室照明断开自动复位旋钮开关（52－S01，以下简称客室照明开关），转到接通位置——>由于此时紧急照明断开继电器（52－K02）线圈失电，常闭触点21－22闭合，所以A车和B车、C车紧急照明接通继电器（52－K01）的线圈得电——>52－K01的常开触点33－34闭合——>A车的52－K01进入自保持状态，而B车、C车52－K01的线圈也由经过52－K01的常开触点33－34的电路供电。于是52－K01的常开触点13－14和43－44闭合，这样所有紧急照明的灯管都被接通了。

（2）客室应急照明的断开。司机把客室照明开关（52－S01）转到断开位置——>紧急照明断开继电器（52－K02）线圈得电，常闭触点21－22断开——>A车紧急照明接通继电器（52－K01）的线圈失电——>52－K01的常开触点33－34断开——>A

车的 52－K01 失去线圈得电条件，同样由 52－K01 的常开触点 33－34 供电的 B 车、C 车 52－K01 也失去线圈得电条件。于是 52－K01 的常开触点 13－14 和 43－44 断开，这样所有紧急照明的灯管都被断开了。

3.3.4 空调压缩机（综合线路图 63－01 到 63－06）

1. 空调压缩机的工作

正常工作状态下，两个压力保护开关 63－A02－F1 和 63－A02－F1.1 闭合，这样保护接通继电器 63－K11 的线圈得电，于是 63－K11 的常开触点 33－34 和 43－44 闭合。由于此时保护单元处于正常工作状态，所以保护接触器 63－K15 的线圈得电，其常开触点 1－2、3－4 和 5－6 闭合，压缩机电动机 63－A02－M1 的电源被接通，开始工作。

当压力大于 22.5 +0/－1.6 bar 时，63－A02－F1.1 会断开电路，而当压力小于 0.5 ±0.3 bar 时，63－A02－F1 会断开电路。这样，63－K11 的线圈就会失电，于是 63－K15的线圈失电，63－K15 的常开触点 1－2、3－4 和 5－6 断开，压缩机电动机 63－A02－M1的电源被断开，停止工作。

当压缩机电动机过载或电动机电源缺相，压缩机电动机保护单元 INT69 就会使 63－K15的线圈失电，于是 63－K15 的常开触点 1－2、3－4 和 5－6 断开，压缩机电动机 63－A02－M1 的电源被断开，停止工作。63－A02－K01 的作用是对电动机绕组的接法进行转换：Y型到△型。

2. 空调压缩机的控制和监测（综合线路图 63－07 到 63－09）

从线路图中可以看到上面章节提到的 63－K11 和 63－K15 的常闭触点作为工作状态信号接入到空调控制器上。同时，风扇压力传感器 63－A02－F2 和控制高压压力传感器 63－A02－F2 也被作为工作状态信号接入到空调控制器上。

3.3.5 车门电气控制

1. 开门过程（综合线路图 81－04，82－01）

当司机按下开门按钮，CCU 系统从 SIBAS KLIP 分站监测到开门信号后，就用 KLIP 分站的输出信号向相应的车门继电器（如开左门就是 81－K14，右门则是 81－K13）的线圈发出驱动信号，使其得电。这样，其常开触点 3－11 闭合，常闭触点 4－14 断开，于是开门电磁阀 Y1 得电，关门电磁阀 Y2 失电。由于早先的解钩继电器线圈得电已经导致了解钩电磁阀 Y3 的动作，使门钩解锁，所以开门电磁阀 Y1 得电，关门电磁阀 Y2

失电马上导致门控气缸向开门方向运动，车门随即打开。

2. 使用主控制器钥匙开门（综合线路图81－04，82－01）

当司机用主控制器钥匙任意从客室内或外打开17/19门时，81－S07或81－S05的1－2触点闭合，此时开乘务门继电器81－K19的线圈就会得电，于是常开触点23－24和33－34闭合，常闭触点51－52断开，这样开门电磁阀Y1和解钩电磁阀Y3得电，关门电磁阀Y2失电，从而导致门控气缸向开门方向运动，车门随即打开。

3. 车门切除（综合线路图81－09，82－06，83－06，84－06，85－06）

当任意一扇车门发生故障后，司机用方孔钥匙将车门切除。当车门被切除后，车门切除行程开关S3的常闭触点1－2断开，常开触点3－4闭合。常闭触点1－2断开将导致车门解锁继电器（85－K32、85－K34、85－K36、85－K38或85－K40）线圈失电，于是车门解锁继电器的常开触点13－14和23－24断开，从而切断了开门电磁阀和解锁电磁阀的供电线路，这样车门就被锁死，不能被打开了。

在车门被锁死的同时，由于S3的常开触点3－4闭合，于是车门锁定继电器（85－K42、85－K44、85－K46、85－K48或85－K50）的线圈得电，其常开触点43－44闭合，这样车门上的门关好行程开关S2和门锁好行程开关S1被就旁路了，具体过程将在关门状态监测部分介绍。

在车门被切除后，车门切除指示灯红灯（83－H22、83－H24、83－H26、83－H28或83－H30）因锁定继电器的常闭触点13－14闭合而得电发光。

当司机用方孔钥匙取消该车门的切除状态以后，车门切除行程开关S3的常闭触点1－2闭合，常开触点3－4断开。这样门解锁继电器（85－K32、85－K34、85－K36、85－K38或85－K40）的线圈失电，而车门锁定继电器（85－K42、85－K44、85－K46、85－K48或85－K50）的线圈得电，常开触点13－14和23－24得电，从而使开门电磁阀和解锁电磁阀重新获得了开门的可能。而车门锁定继电器将会失电，取消了锁死状态，这样对车门的门关好行程开关S2和门锁好行程开关S1的旁路就被取消了。

一节车上的一侧全部车门切除信号都被CCU系统通过SIBAS KLIP分站采集和监测。

4. 关门过程（综合线路图81－09，83－06，84－06，以左门为例）

当司机按下关门按钮，列车CCU系统就会监测到司机希望执行关车左门操作。先通过SIBAS KLIP分站向关门报警器发出报警信号，接着SIBAS KLIP分站驱动关车左门延时继电器81－K14的线圈得电使其常闭触点13－14到53－54闭合，从而能够通过车门关好锁好指示灯观察车门关闭情况。最后SIBAS KLIP分站切断对开车左门继电器

（81－K14）线圈的供电，81－K14 的线圈失电，常闭触点 21－22 闭合，常开触点 13－14 断开，这样，关门电磁阀线圈得电，开门电磁阀线圈失电，于是门控气缸向关门方向运动。当车门运动到锁定位置时，由于此前车钩已经恢复，所以车门将被门钩锁定，关门过程完成。

技能要求

I 单元 A（Tc）车紧急照明日光灯未点亮

操作要求

1. 根据故障现象利用综合线路图确定故障点。
2. 正确找到确定故障点。
3. 正确排除故障，紧急照明日光灯点亮。
4. 作业结束后，整理工具、器具清场。
5. 所有作业须严格按照实训安全规范操作。

操作步骤

SIEMENS 车型

步骤 1　确认列车处于得电状态（否则打开主控制器钥匙，启车）。

步骤 2　在司机室内打开客室照明，并查看车厢确认故障的紧急照明日光灯位置。

步骤 3　查看电路图，分析可能的故障点。

步骤 4　用万用表测量镇流器的进线端电压和出线端电压。

步骤 5　如进线端有电（110V　DC）而出线端无电，则：

（1）检查镇流器故障的熔丝，如熔丝损坏则立即更换（见图 3—26）。

图 3—26　镇流器

（2）如确认熔丝正常，则检查镇流器，如有损坏则立即更换。

（3）如果进线端和出线端都有电，则检查日光灯灯管及两端接线，如有损坏立即更换。

步骤6　整理工具清场，操作完成。

ALSTOM 车型

步骤1　确认列车处于得电状态（否则打开主控制器钥匙，启车）。

步骤2　确认 I/TC 车客室内各车门上方及过道处的应急照明日光灯是否都点亮。

步骤3　根据现象查阅“综合线路图”LGT　6of8 及 7of8 的相关内容。

步骤4　打开 I/TC 车二位端左侧的电气设备柜。

步骤5　根据现象分析图纸，用万用表检查 ELCB 及 ELKCB 电源供给是否正常（见图 3—27）。

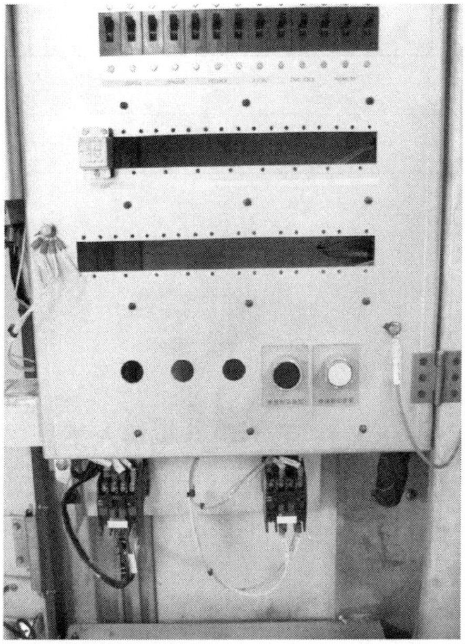

图 3—27　紧急照明接触器 ELK

步骤6　检查紧急照明接触器 ELK 是否能正常吸合，查出 ELK 不吸合的原因——706B/A1 脱落或接触不良。

步骤7　断开该回路的空气开关，修复故障点。

步骤8　合上该回路的空气开关，试验正常，保证 I/TC 车客室应急照明灯都点亮。

步骤9　整理工具清场，操作完成。

理论知识考试模拟试卷及答案

城轨电动列车检修工（四级）理论知识试卷

1. 考试时间：90 min。
2. 请首先按要求在试卷的标封处填写您的姓名、准考证号和所在单位的名称。
3. 请仔细阅读各种题目的回答要求，在规定的位置填写您的答案。
4. 不要在试卷上乱写乱画，不要在标封区填写无关的内容。

	一	二	总 分
得 分			

得 分	
评分人	

一、判断题（第 1 题至第 35 题，将判断结果填入括号中，正确的填“√”，错误的填“×”；每题 1 分，共 35 分）

1. 牵引变电所向接触网供电有单边供电和双边供电两种方式。（ ）

2. 模块化结构的个别部件采用了钢材制造，各部件之间又采用了钢制螺栓连接，所以车体自重要比全焊接结构稍重。（ ）

3. 电动机带动丝杆转动，通过丝套在丝杆上的横向移动来带动安装在光杆上的门叶在导轨上滑动。（ ）

4. 为控制车门系统和列车的通信，每节车安装有一个车门电子控制单元。（ ）

5. 风管连接器的主要部件是两个弹簧阀，可使风管的接通和断开随机械钩头的连挂和解钩自动进行。（ ）

6. 当车辆在弯道上进行连挂时，对中装置关闭，这时可利用导向杆进行对中，从而顺利地进行连挂。（ ）

7. 钩尾冲击座采用鼓形套筒来避免超过许用的载荷加载到车体上。（ ）

8．根据国际铁路组织规定，在离车轮轮缘内侧 80 mm 处测量所得的直径，称为车轮的滚动圆直径。（　）

9．一般地铁车辆用的滚动轴承按滚动体形状可分为：圆柱滚动轴承、圆锥滚动轴承和球面滚动轴承。（　）

10．一般轨道车辆所安装的抗侧滚扭杆包括扭杆、连杆（曲柄）、铰座（上下球铰）、关节轴承、调节杆等部件。（　）

11．在车体发生侧滚振动时，使转向架两侧的曲柄端部作用一对力偶，这个力偶使抗侧滚扭杆产生拉伸变形，此时扭杆的抗扭弹性也产生一个反力偶，对车体的侧滚振动起到抑制作用。（　）

12．再生制动既节约能源又减少污染，是一种理想的制动方式。（　）

13．城轨车辆停车制动要求：在 AW3 的状态下，在坡度为 3% 的轨道上也不会滑动。（　）

14．活塞式压缩机按压缩机与电动机的不同组合方式，可分为开放式、封闭式和分离式三种。（　）

15．涡旋压缩机吸气、压缩、排气连续单向进行，工作效率高。（　）

16．在制冷装置中，干燥过滤器具有干燥器和过滤器的功能。（　）

17．受电弓升弓、降弓时间均为 7～8 s。（　）

18．调节转速可通过调节电流频率 f 来实现。（　）

19．一般在 -200℃ 至 400℃ 的温度范围内，Pt100 热电阻温度传感器是首选测温元件。（　）

20．来自牵引电动机的电制动能量通过牵引逆变器在制动电阻上转换成热能。

（　）

21．主控制手柄由主控钥匙开关驱动。（　）

22．主控制手柄还包括一个机械联锁系统，防止单个部件牵引控制器（制动控制器）、主控钥匙开关和选择开关的错误操作。（　）

23．在所有制动模式中，除了紧急制动，电、空制动具有防滑保护。（　）

24．主控制器处于制动位置时，车辆进行快速制动。（　）

25．连挂牵引/零位/紧急牵引旋钮开关处于牵引位时，车辆对旁路被牵引车辆进行控制的同时增大牵引力。（　）

26．电动列车辅助逆变器系统主要由每节车的逆变器并联组成，只向低压电源供电。（　）

27. 在线网电压正常情况下，受电弓将高压直流电通过列车总线同时传输给每节车的辅助逆变器。 （ ）

28. 对于网压为 1 500 V DC 的城轨车辆，逆变器容量在 1 000 kVA 以上的系统来说，电感量一般为 5 ~ 8 mH。 （ ）

29. 对于网压为 1 500 V DC 的城轨车辆，逆变器容量在 1 000 kVA 以上的系统来说，电感量一般为 2 ~ 5 mH。 （ ）

30. 每节车可以通过选择开关单独选择不同的操作模式。 （ ）

31. 如果车厢内太冷或者太热，将选择开关旋转至“ +1K， +2K， -1K， -2K”，其中一个位置可以实现单节车的温度调节。 （ ）

32. 在 AC01 列车上，里程表的公里数值来源于 BECU。 （ ）

33. 司机打开安全疏散门后，安全疏散门锁好继电器得电。 （ ）

34. 当车门打开到位后，相应的门关好行程开关才会闭合。 （ ）

35. ATP 系统能够对车辆编组状况进行自动识别。 （ ）

二、单项选择题（第 1 题 ~ 第 65 题，选择一个正确的答案，将相应的字母填入题内的括号中；每题 1 分，共 65 分）

1. 下列不是单开道岔组成部件的是（ ）。

A. 转辙器 B. 辙叉 C. 护轨 D. 轨枕

2. （ ）连接正线和站场线，是列车往返车场与正线的必经线路。

A. 停车线 B. 检修线 C. 试车线 D. 出入场线

3. 上海城轨供电系统电压等级有两种模式：其中一种是（ ）的三级电压供电模式。

A. 110 kV/35 kV/380 V B. 110 kV/35 kV/0. 4 kV

C. 110 kV/10 kV/220 V D. 110 kV/10 kV/380 V

4. 当列车速度小于（ ）时，车载 ATP 子系统确认列车为“零”速度。

A. 0 B. 1 km/h C. 3 km/h D. 5 km/h

5. 车载 ATO 子系统可使列车速度保持在参考速度的（ ）范围内。

A. 0 ~ 2 km/h B. 0 ~ 3 km/h C. 0 ~ 4 km/h D. 0 ~ 5 km/h

6. 为了便于乘客在紧急状态下与司机进行联系，在各列车车厢内装有（ ）系统。

A. 司机室对讲 B. 乘客广播 C. 司机乘客对讲 D. 以上都有

7. （ ）用于播放录制在报站器存储芯片中固定的广播内容。

A. 广播设备控制部分　　B. 麦克风

C. 列车报站器　　D. 乘客与司机通话装置

8. 单轨交通车辆可在（　　）的线路坡度下运行。

A. ≤60‰　　B. ≤100‰　　C. ≥60‰　　D. ≥100‰

9. 以下有关磁浮交通系统的优点，描述错误的是（　　）。

A. 无轮轨接触摩擦阻力　　B. 爬坡能力强

C. 运行速度高　　D. 造价较低

10. 普通碳素钢车体腐蚀十分严重，在使用中不仅（　　）随腐蚀而降低，而且增加了维修的工作量和成本。

A. 强度　　B. 刚度　　C. 柔度　　D. 弹性

11. 为了克服在焊接高温条件下不锈钢内部组织易发生变化，进而产生晶间腐蚀而破裂的缺点，不锈钢车体在焊缝集中的地方多采用（　　）。

A. 点焊　　B. 铆接　　C. 长焊缝　　D. 虚焊

12. 铝合金车体在积水状态下（　　）降低，因此在生产和维修时须注意采取排水措施。

A. 强度　　B. 刚度　　C. 弹性　　D. 耐腐蚀性

13. Tc 车底架的前端设有撞击能量吸收区，其上开有 3 排（　　）卸载孔。

A. 方形　　B. 圆形　　C. 鼓形　　D. 椭圆形

14. 下述关于客室车门门叶的描述，错误的是（　　）。

A. 门叶为组合结构，内外表面为 1 mm 厚的铝合金板，内部为铝箔组成的蜂窝结构

B. 门叶上部设有由单层或双层钢化玻璃及氯丁橡胶密封条组成的玻璃窗

C. 在门叶的中心处可承受 97 kg 的横向载荷，而其挠度不大于 7.2 mm

D. 在门叶的对缝处，装嵌橡胶密封条，门叶关闭时有良好的密封作用，并能在车门关闭时以防夹伤乘客

15. 绳轮传动结构的主要机械传动系统包括（　　）。

A. 钢丝绳架、左门驱动架　　B. 挤压轮、驱动气缸

C. 门上导轨、门止挡　　D. 绳轮、解钩气缸

16. 压缩空气推动气缸活塞杆运动，并带动（　　）开关。

A. 左门叶　　B. 右门叶　　C. 导轨　　D. 钢丝绳

17. 门切除以后（　　）。

A. 从机械上阻止车门打开

B. S3 行程开关的 1/2 触点合上

C. 紧急手柄处于非正常位

D. 该扇门的监控回路仍连接在列车车门监控回路当中

18. 由于（　　），因此其可维修性最差。

A. 内藏门位于车辆侧墙的外墙板与内饰板之间的夹层内

B. 外挂门的门叶和悬挂机构始终位于车体侧墙的外侧

C. 塞拉门在关闭状态时车门外表面与车体外墙成一平面

D. 外摆式车门在关闭状态时车门外表面与车体外墙成一平面

19. 司机操纵副驾驶台控制压缩空气与解钩气缸相通的电磁阀的按钮使解钩气缸（　　），完成解钩动作。

A. 冲气　　B. 放气　　C. 排气　　D. 封闭

20. 电气连接器随机械钩头自动连挂，因此要求其触点平面应高于机械车钩平面（　　）mm，以保证弹性触点在连接过程中保持一定的压力。

A. 1 ~ 2　　B. 2 ~ 3　　C. 3 ~ 4　　D. 4 ~ 5

21.（　　）通过压力油在活塞和缸体内壁的间隙流动来吸收能量。

A. 环形弹簧缓冲器　　B. 压溃管和橡胶堆缓冲装置

C. 液压缓冲器　　D. 气液缓冲器

22. 气液缓冲器气室空气的作用类似（　　），使缓冲器在完成一次冲击能吸收后恢复到初始状态。

A. 液压油　　B. 节流孔　　C. 活塞　　D. 弹簧

23. 对于一般轨道车辆来说，动车牵引力的传递路径为：牵引传动装置—轮对—一系悬挂—构架—（　　）—车体—车钩。

A. 中央牵引装置　　B. 二系悬挂

C. 抗侧滚扭杆　　D. 以上都不对

24. 车轮采用锥形踏面的作用为（　　）。

A. 在直线运行时使轮对自动调中

B. 在曲线运行时使轮对顺利通过曲线

C. 在运行时轮轨接触面不断变换，使踏面磨耗均匀

D. 以上都是

25. 采用滚动轴承的作用为（　　）。

A. 降低车辆的启动阻力和运行阻力

B. 改善车辆走行部分的工作条件，减少燃轴的惯性事故

C. 减轻了维护和检修工作，降低运行成本

D. 以上都是

26. VV230/180－2 型空气压缩机采用（　　）对压缩空气进行净化。

A. 过滤纸　　B. 过滤棉　　C. 油浴式过滤器　D. 干燥剂

27. 空气压缩机启动与停止受（　　）的控制。

A. 继电器　　B. 压力开关

C. 再生风缸　　D. 定时脉冲发生器

28. 双塔式干燥器设（　　）以使两个干燥塔的电磁阀定时地轮换开、关。

A. 继电器　　B. 控制开关

C. 再生储风缸　　D. 定时脉冲发生器

29. 城轨车辆干燥过滤器使用的干燥剂是（　　）。

A. 焦炭　　B. 晶硅酸铝　　C. 分子筛　　D. 硅胶

30. 停放制动与常用制动在功能上最显著的区别是（　　）。

A. 充气缓解，排气制动　　B. 充气制动，排气缓解

C. 充气缓解　　D. 排气缓解

31.（　　）制冷压缩机作为回转式制冷压缩机的一种，同时具有活塞式和速度式两者的特点。

A. 螺杆式　　B. 活塞式　　C. 涡旋式　　D. 以上都正确

32.（　　）用于复叠式制冷机，既是高温级循环的蒸发器，又是低温级循环的冷凝器。

A. 中间冷却器　　B. 冷凝蒸发器

C. 回热器　　D. 气液分离器

33. 制冷系统中常用的观察镜有（　　）。

A. 液流观察镜　　B. 液位观察镜

C. 制冷剂含水量观察镜　　D. 以上都是

34. 上海地铁 A 型车紧急通风时间应满足至少（　　）min 的需要。

A. 30　　B. 45　　C. 60　　D. 120

35. 受电弓的类型分为（　　）和旁弓两大类。

A. 单臂弓　　B. 双臂弓　　C. 侧弓　　D. 正弓

36. 触头带电分断产生的电弧，整个过程为（　　）分隔、冷却、熄弧。

A. 引弧　　B. 断弧　　C. 断流　　D. 断压

37. UR6－32TDS 的分断能力为（　　）。

A. I＝30 KA，T＝15 ms　　B. I＝35 KA，T＝20 ms

C. I＝25 KA，T＝15 ms　　D. I＝20 KA，T＝15 ms

38. 三相异步电动机转子的转速（　　），电动机的转差率越大，转子电动势频率越高。

A. 越低　　B. 越高　　C. 不变　　D. 以上都不是

39. 交流接触器利用（　　）来导通控制回路。

A. 常开触点　　B. 常闭触点　　C. 主接点　　D. 辅助接点

40. 交流接触器的动作动力来源于交流电磁铁，电磁铁由两个“山”字形的幼硅钢片叠成，其中一个固定，在上面套上线圈，工作电压有（　　）。

A. 36 V　　B. 220 V　　C. 380 V　　D. 以上都是

41. 速度信号经脉冲整形放大后输出整齐的（　　）信号。

A. 矩形波　　B. 正弦波　　C. 余弦波　　D. 脉冲波

42. 电动列车（　　）采用条形电阻。

A. 滤波电阻　　B. 制动电阻　　C. CVMD　　D. LVMD

43. （　　）逆变器由三个相模块组成。

A. 脉宽调制型　　B. 脉冲调制型　　C. PAM　　D. PFM

44. PWM 逆变器的相电压最大的幅值取决于中间的（　　）。

A. 电感　　B. 电容　　C. 电路电压　　D. 电路电流

45. 斩波调压控制，斩波调压控制主要通过控制斩波器的（　　）改变牵引电动机电枢电压，用以实现调速的目的。

A. 电流　　B. 磁通量　　C. 导通比　　D. 励磁电阻

46. 在 VVVF 中，与控制相关的电压监控保护装置由（　　）启动。

A. CCTV　　B. 主控制手柄

C. 常用制动　　D. 牵引控制单元

47. （　　）被确认后，牵引控制单元封锁 PWM 逆变器。

A. CCTV　　B. 主控制手柄

C. 牵引箱风扇故障　　D. ACU

48. 可擦写存储器可通过（　　）进行程序的编写。

A. RS485　　B. RS422　　C. RS232　　D. RS422/RS485

49. 每节车（　　）控制的微处理器可接收终端制动需求信号和其他车辆信号。

A. ACU　　B. PCE　　C. ACE　　D. BECU

50. 后退指令通过（　　）传输到所有列车的TCU。

A. ATO　　B. 列车线　　C. 110 V电源线　　D. 音频线

51. 为了保证在某台逆变器发生故障时，列车仍能可靠运行，在负载分配上采取了将整列车的辅助逆变器按其负载的性质分成（　　）供电系统。

A. 一组　　B. 两组　　C. 三组　　D. 四组

52. M车的辅助逆变器不具备（　　）。

A. 输入滤波器　　B. 谐振变换器

C. 斩波器　　D. 紧急电池

53. 电动列车辅助逆变器主要为除（　　）以外的所有用电系统供电。

A. 牵引　　B. 电制动　　C. 照明　　D. 通风

54. M车辅助逆变器没有升压变压器的（　　）。

A. 谐振变换器A11　　B. 谐振变化器A12

C. 脉冲控制逆变器A13　　D. 电感器L2

55. BOOST电路又叫（　　）。

A. 降压式斩波电路　　B. 升压式变换电路

C. 升降压变换器　　D. 丘克变换器

56. 列车辅助逆变器的保护功能有（　　）、电流、温度，通风风机状况等。

A. 电压　　B. 电感　　C. 电容　　D. 湿度

57. 120°导通电压型六拍逆变器，每个开关管的驱动信号持续（　　）。

A. 60°　　B. 120°　　C. 180°　　D. 30°

58. 放电终止电压为（　　）V。

A. 0.8　　B. 0.9　　C. 1.0　　D. 1.2

59. 当电池通过活化或其他方法仍不能恢复到可用状态，就称为（　　）。

A. 可逆失效　　B. 不可逆失效

C. 失效　　D. 记忆效应

60. 环境温度升高时，电池电压则（　　）。

A. 上升　　B. 下降　　C. 不变　　D. 变为0

61. 在线网电压小于1 100 V　DC情况下，为了避免逆变器在不正常情况下工作，此时逆变器将停止工作，如线网电压上升至大于（　　）V　DC 并持续 3 s 以上时，逆变器重新启动工作。

A. 900　　B. 1 000　　C. 1 100　　D. 1 200

62. 照明回路由（　　）供电。

A. 低压总线　　B. 中压总线　　C. 高压总线　　D. 220 V

63.（　　）是低压总线的负载。

A. 控制电子　　B. 辅逆风机　　C. 主逆风机　　D. 空调

64.（　　）电源为 110 V　DC。

A. 司机室照明　　B. 空调

C. 辅助逆变器风扇　　D. 主逆变器风扇

65. 通过（　　）按钮将所有指示灯点亮。

A. 指示灯测试　　B. 司机室照明

C. 客室照明　　D. 头灯

城轨电动列车检修工（四级）理论知识试卷答案

一、判断题

1. √	2. √	3. √	4. ×	5. √	6. √	7. √	8. ×
9. √	10. √	11. ×	12. √	13. ×	14. ×	15. √	16. √
17. √	18. √	19. √	20. √	21. √	22. √	23. ×	24. ×
25. √	26. ×	27. √	28. √	29. ×	30. √	31. √	32. √
33. ×	34. ×	35. √					

二、单项选择题

1. D	2. D	3. B	4. C	5. D	6. C	7. C	8. A
9. D	10. A	11. A	12. D	13. D	14. C	15. A	16. A
17. A	18. A	19. A	20. B	21. C	22. D	23. A	24. D
25. D	26. C	27. B	28. D	29. B	30. A	31. A	32. B
33. D	34. B	35. D	36. A	37. A	38. B	39. D	40. D
41. A	42. B	43. A	44. C	45. C	46. D	47. D	48. B
49. D	50. B	51. B	52. D	53. D	54. D	55. B	56. A
57. B	58. C	59. B	60. B	61. C	62. A	63. A	64. A
65. A							

操作技能考核模拟试卷

注 意 事 项

1. 考生根据操作技能考核通知单所列的试题，做好考试准备。

2. 请考生仔细阅读试题单中具体考核内容和要求，并按要求完成操作。

3. 操作技能考核时要遵守考场纪律，服从考场管理人员指挥，以保证考核安全顺利进行。

注：操作技能鉴定试题评分表及答案是考评员对考生考核过程及考核结果的评分记录表，也是评分依据。

国家职业资格鉴定
城轨电动列车检修工（四级）操作技能考核通知单

姓名：
准考证号：
考核日期：

试题 1
试题代码：1.4.1。
试题名称：检验电动列车 I 单元 A 车停放制动压力。
考核时间：30 min。
配分：40 分。

试题 2
试题代码：2.1.2。
试题名称：电动列车制动电阻测量。
考核时间：30 min。

配分：30 分。

试题 3

试题代码：3. 2. 3。

试题名称：列车开门作业后单扇车门未打开。

考核时间：30 min。

配分：30 分。

城轨电动列车检修工（四级）操作技能鉴定试题单

试题代码：1.4.1。

试题名称：检验电动列车Ⅰ单元A车停放制动压力。

考核时间：30 min。

1. 操作条件

（1）电动列车处于有电有气状态。

（2）现场配备所需工具。

2. 操作内容

（1）指出所需检验的部件位置。

（2）对该部件的设定值进行检验。

3. 操作要求

（1）正确检验制动压力值，且不能影响到其他零部件的正常功能。

（2）正确使用各种工具。

（3）考试结束后，整理好工具，列车必须处于能安全运行的状态。

（4）考试人员按规定着装，违反作业安全规定、不文明操作或造成他人伤害者取消考试资格。

城轨电动列车检修工（四级）操作技能鉴定试题评分表

考生姓名：　　　　　　　　　　　　准考证号：

试题代码及名称		1.4.1 检验电动列车 I 单元 A 车停放制动压力		考核时间					30 min
评价要素		配分	等级	评分细则	评分等级				得分
					A	B	C	D	E	
1	确认部件位置	12	A	正确查看故障信息，准确指出部件位置						
			B	多次查看故障信息及部件位置						
			C	没有查看故障信息，部件位置指认模棱两可						
			D	没有查看故障信息，没有找到部件位置						
			E	未答题						
2	测试工具安装	16	A	选用正确的工具并安装，准确读数						
			B	选用正确的工具并安装，读数错误						
			C	多次选择工具，安装接口错误						
			D	不会使用工具						
			E	未答题						
3	判断	8	A	准确判断设备状态，正确分析故障原因并排除						
			B	能判断设备状态，分析故障原因，故障无法排除						
			C	能判断设备状态，无法分析故障原因						
			D	无法判断或判断出错						
			E	未答题						

续表

<table>
<tr><td colspan="2">试题代码及名称</td><td colspan="3">1.4.1 检验电动列车 I 单元 A 车停放制动压力</td><td colspan="3">考核时间</td><td colspan="3">30 min</td></tr>
<tr><td colspan="2" rowspan="2">评价要素</td><td rowspan="2">配分</td><td rowspan="2">等级</td><td rowspan="2">评分细则</td><td colspan="5">评分等级</td><td rowspan="2">得分</td></tr>
<tr><td>A</td><td>B</td><td>C</td><td>D</td><td>E</td></tr>
<tr><td rowspan="5">4</td><td rowspan="5">文明安全规范操作</td><td rowspan="5">4</td><td>A</td><td>按规定着装，遵守作业安全规定</td><td rowspan="5"></td><td rowspan="5"></td><td rowspan="5"></td><td rowspan="5"></td><td rowspan="5"></td><td rowspan="5"></td></tr>
<tr><td>B</td><td>未按规定着装，作业较规范</td></tr>
<tr><td>C</td><td>操作中有一项内容野蛮操作</td></tr>
<tr><td>D</td><td>未按规定着装和多项野蛮操作</td></tr>
<tr><td>E</td><td>未答题</td></tr>
<tr><td colspan="2"></td><td>40</td><td colspan="6">合计得分</td><td></td><td></td></tr>
</table>

考评员（签名）：

等级	A（优）	B（良）	C（及格）	D（差）	E（未答题）
比值	1.0	0.8	0.6	0.2	0

“评价要素”得分 = 配分 × 等级比值。

城轨电动列车检修工（四级）操作技能鉴定试题单

试题代码：2.1.2。

试题名称：电动列车制动电阻测量。

考核时间：30 min。

1. 操作条件

（1）电动列车处于无电状态。

（2）制动电阻箱不落车。

（3）电动列车停放在有地沟的股道上。

2. 操作内容

（1）查找指定位置的制动电阻箱（II 单元 B 车）。

（2）测量制动电阻阻值。

（3）测量制动电阻绝缘值。

3. 操作要求

（1）正确使用工具进行操作。

（2）对测量值进行判别。

（3）接线正确。

（4）操作人员按规定着装，违反作业安全规定、不文明操作或造成他人伤害者取消考试资格。

（5）操作完毕后，工具物品清场，无遗漏。

城轨电动列车检修工（四级）操作技能鉴定试题评分表

考生姓名：　　　　　　　　　　　　准考证号：

试题代码及名称		2.1.2 电动列车制动电阻测量		考核时间					30 min
评价要素		配分	等级	评分细则	评分等级				得分
					A	B	C	D	E	
1	部件位置确认	6	A	正确确认部件位置						
			B	确认部件位置有一项错误						
			C	确认部件位置有多项错误						
			D	不会确认部件位置						
			E	未答题						
2	量具使用	6	A	能完全正确使用量具						
			B	量具使用不太熟练						
			C	量具使用生疏						
			D	完全不会使用量具						
			E	未答题						
3	正确测量	9	A	正确使用量程并记录数值						
			B	正确使用量程读数但未记录						
			C	正确使用量程但不会读数值						
			D	不会使用量具						
			E	未答题						
4	接线	6	A	接线正确且扭力正确						
			B	接线或扭力有一项不熟练						
			C	接线和扭力部分出错						
			D	不会操作						
			E	未答题						

续表

<table>
<tr><td colspan="2">试题代码及名称</td><td colspan="3">2.1.2 电动列车制动电阻测量</td><td colspan="4">考核时间</td><td colspan="2">30 min</td></tr>
<tr><td colspan="2" rowspan="2">评价要素</td><td rowspan="2">配分</td><td rowspan="2">等级</td><td rowspan="2">评分细则</td><td colspan="5">评分等级</td><td rowspan="2">得分</td></tr>
<tr><td>A</td><td>B</td><td>C</td><td>D</td><td>E</td></tr>
<tr><td rowspan="5">5</td><td rowspan="5">安全操作</td><td rowspan="5">3</td><td>A</td><td>按规定着装，遵守作业安全规定</td><td rowspan="5"></td><td rowspan="5"></td><td rowspan="5"></td><td rowspan="5"></td><td rowspan="5"></td><td rowspan="5"></td></tr>
<tr><td>B</td><td>未按规定着装，作业较规范</td></tr>
<tr><td>C</td><td>操作中有一项内容野蛮操作</td></tr>
<tr><td>D</td><td>未按规定着装和多项野蛮操作</td></tr>
<tr><td>E</td><td>未答题</td></tr>
<tr><td colspan="2"></td><td>30</td><td colspan="6">合计得分</td><td></td><td></td></tr>
</table>

考评员（签名）：

等级	A（优）	B（良）	C（及格）	D（差）	E（未答题）
比值	1.0	0.8	0.6	0.2	0

“评价要素”得分 = 配分 × 等级比值。

城轨电动列车检修工（四级）操作技能鉴定试题单

试题代码：3.2.3。

试题名称：列车开门作业后单扇车门未打开。

考核时间：30 min。

1. 操作条件

（1）列车为得电状态。

（2）列车开门作业后单扇车门未打开。

2. 操作内容

（1）查找并分析故障原因。

（2）排除故障。

3. 操作要求

（1）遇到故障要分析可能发生的原因并指明故障位置并实施处理。

（2）对列车故障排除应使用常用电工工具与万用电表，不得使用其他电工工具。

（3）故障分析判断不确切或不能排除均要扣分。

（4）检查时操作人员按规定着装，违反作业安全规定、不文明操作或造成他人伤害者取消考试资格。

（5）故障处理完毕后列车必须处于能安全运行的状态。

（6）操作完毕后，工具物品清场，无遗漏。

城轨电动列车检修工（四级）操作技能鉴定试题评分表

考生姓名： 准考证号：

试题代码及名称		3.2.3 列车开门作业后单扇车门未打开			考核时间			30 min		
评价要素		配分	等级	评分细则	评分等级					得分
					A	B	C	D	E	
1	工具选择	3	A	工具选用恰当，无多余工具						
			B	工具选用较恰当，有多余工具						
			C	工具选用较恰当，有少量工具遗漏						
			D	工具选用不恰当						
			E	未答题						
2	查找故障	12	A	能找到故障点						
			B	能检查相关部件，不能找到故障点						
			C	检查部分相关部件，不能找到故障点						
			D	不能检查相关部件，不能找到故障点						
			E	未答题						
3	排除故障	12	A	正确分析并排除故障						
			B	能正确分析故障，排除故障出错						
			C	能分析故障，不能排除故障						
			D	不能分析故障，不能排除故障						
			E	未答题						

续表

试题代码及名称		3.2.3 列车开门作业后单扇车门未打开			考核时间				30 min	
评价要素		配分	等级	评分细则	评分等级					得分
					A	B	C	D	E	
4	安全规范	3	A	按规定着装，遵守作业安全规定						
			B	未按规定着装，作业较规范						
			C	操作中有一项内容野蛮操作						
			D	未按规定着装和多项野蛮操作						
			E	未答题						
		30	合计得分							

考评员（签名）：

等级	A（优）	B（良）	C（及格）	D（差）	E（未答题）
比值	1.0	0.8	0.6	0.2	0

“评价要素”得分 = 配分 × 等级比值。